長沙日曆

2025

二〇二五·农历乙巳年

岳麓書社·长沙

日升月恒 璀璨星城

天上一颗长沙星，地上一座长沙城。

岁月不居，时节如流。何为长沙？长沙，既存在于岁月静好的时光中，也栖身于风云激荡的历史长河里，更珍藏在你我记忆中或清晰或模糊的每个瞬间。

为更好地讲好长沙故事、传播长沙声音、擦亮长沙形象，我们推出全国历史文化名城首部集文博、文旅、文创于一体的城市日历——《长沙日历》，以日历定格永恒，以日历勾连古今，从日历走向无垠。

历数长沙，美何如哉！《长沙日历》以200幅“最长沙”的精美画面，集斑斓的历史古色、绚烂的革命红色、盎然的生态绿色、时尚的都市新色于一体，让读者在遗珍毕陈的“文言物语”中窥见历史之美，在英雄辈出的“名居故宅”中体悟革命之艰，在风光无限的“山水洲城”间畅享身心之娱，在创意涌动的“网红新潮”中感受时代之变。

历数长沙，壮何如哉！《长沙日历》依时列序、感物应时，将典籍器物、金石字画、民俗风物、湖湘名人、红色景区、现代地标等不同物类错落编排；著物骋怀，品四羊方尊、人面纹方形铜鼎、象纹大铜铙，可见中国南方青铜繁盛；观马王堆帛画、走马楼吴简、铜官窑陶瓷，则赞古长沙万千气象；至贾谊故居、岳麓书院、橘子洲头，更感“惟楚有材、于斯为盛”。

衷心希望这样一本翔实可信、古雅可取、逸兴可人、记事可用的精巧日历，能够引领读者穿越历史烟云，回望过去、观照当下、奔向未来……

日月经天，星宿列张；城焕异彩，荡气回肠。

长沙，既存在于上映天星的空间里，也存在于浩浩汤汤的时间中。

旦复旦兮，日月光华。让我们一起打开日历，以文释图、以图证文，共品千载长沙、共赴千面长沙。

是为序。

橘子洲

壹月

January

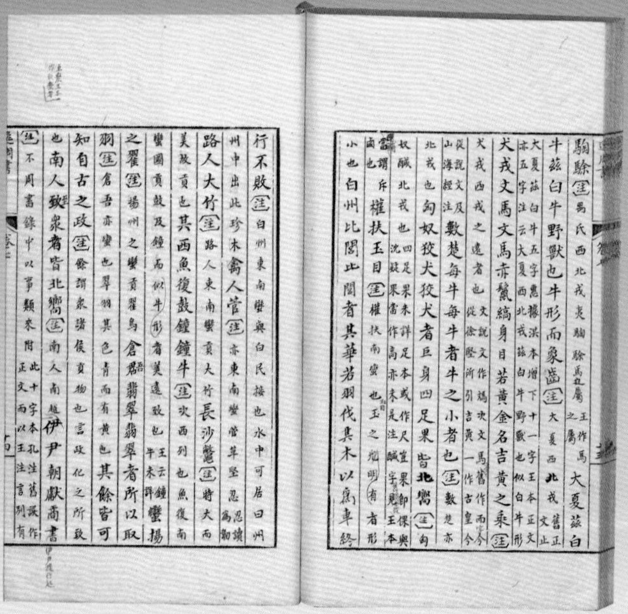
駒駼注禺氏西北戎夷駒駼馬屬王作馬之屬大夏茲白
牛茲白牛野獸也牛形而象齒注大夏西北戎舊正文止
大夏茲白牛五字惠據洪本增下十一字王本正文亦五字注云大夏西北戎茲白牛野獸也似白牛形
犬戎文馬文馬赤鬣縞身目若黃金名吉黃之乘注
犬戎西戎之遠者也文說文作媽次文馬舊作而今從徐堅所引吉黃一作古皇今
從說文及山海經注數楚每牛每牛者牛之小者也注數楚亦
北戎也匈奴狡犬狡犬者巨身四足果皆北嚮注匈
奴膩北戎也四足果未詳足本或作尺豈果即倮與沈疑果當作高亦未見注膩字見王本
當謂鹵也斥權扶玉目注權扶南蠻也玉之光明有者形
小也白州比閭比閭者其華若羽伐其木以爲車終
行不敗注白州東南蠻與白民接也水中可居曰州
州中出此珍木禽人管注亦東南蠻當草堅忍忍讀爲韌
路人大竹注路人東南蠻貢大竹長沙鼈注特大而
美故貢也其西魚復鼓鐘鐘牛注次西列也魚復南
蠻國貢鼓及鐘而似牛形者美遠致也王云鐘牛未詳蠻揚
之翟注揚州之蠻貢翟鳥倉吾翡翠翡翠者所以取
羽注倉吾亦蠻也翠羽其色青而有黃也其餘皆可
知自古之政注餘謂衆諸侯貢物也言政化之所致
也南人致衆者皆北嚮注南人南越伊尹朝獻商書
注不周書錄中以事類來附此十字本孔注舊誤作正文而以王注言別有

2025年
农历乙巳

壹月
January

腊月初二　周三

01

元旦

《逸周书》明万历刻本　　中国国家图书馆 藏

“长沙”一词最早见于《逸周书·王会解》。《逸周书》成书于战国中期，《王会解》记载了3000多年前周成王在雒邑大会诸侯和各方国使臣的盛况。书中载各诸侯供奉礼物有：“禽人菅，路人大竹，长沙鳖。”

2025年
农历乙巳

壹月
January

腊月初三 周四

02

03

周五 腊月初四

商 四羊方尊 中国国家博物馆 藏

1938年宁乡黄材镇出土，是我国现存商代青铜方尊中最大的一件。尊四角各塑一羊，肩部装饰有高浮雕蛇身而有爪的龙纹，整个器物用块范法浇铸，精美绝伦，巧夺天工，被称为“臻于极致的青铜典范”。

2025年
农历乙巳

壹月
January

腊月初五 周六

04

05

周日 腊月初六

小寒

商 人面纹方形铜鼎 **湖南博物院 藏**

1959年宁乡黄材镇出土。鼎颜色碧绿，器身略呈矩形，口部略大于底部，两耳直立，四柱状足，足上部有兽面纹，器身外表四周饰半浮雕的人面。人面周围有云雷纹，额部两侧有角，下巴两侧有爪。鼎腹内壁铸“大禾”两字铭文，是目前湖南境内发现最早的青铜器铭文。

CHANGSHA Calendar 2025

2025年
农历乙巳

壹月
January

腊月初七 周一

06

07

周二 腊月初八

腊八节

商　象纹大铜铙　　长沙博物馆 藏

1983年宁乡黄材镇出土。铙为乐器，呈褐绿色，钲部作合瓦形，上宽下窄，甬呈圆管状，与钲腔相通。钲面饰以粗线条组成的兽面纹，隧部浅浮雕一对相向站立的大象，钲之周边、甬部满饰云雷纹。该器重达221.5公斤，为迄今我国出土商代铜铙中最大的一件。

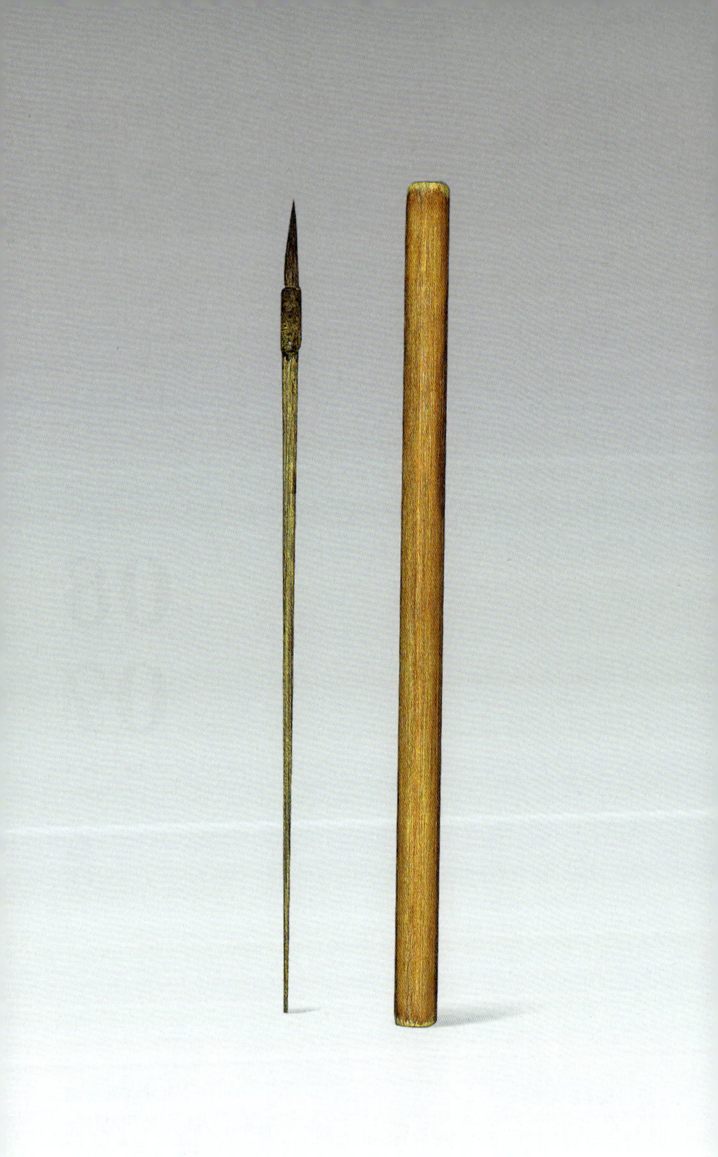

CHANGSHA Calendar 2025

2025年

农历乙巳

壹月

January

冬三九

腊月初九 周三

08

09

周四 腊月初十

战国 毛笔 中国国家博物馆 藏

1954 年岳麓区左家公山 15 号战国楚墓出土。该毛笔制作于战国时期，是迄今考古发现最为古老的毛笔。毛笔套在竹管做的笔筒内，笔毛以上等兔毫制成。其发现打破了“蒙恬造笔”之说和秦以前没有毛笔的论断。

2025年
农历乙巳

壹月
January

警察节

腊月十一　周五

10

11

周六　腊月十二

战国　人物御龙帛画　　湖南博物院 藏

1973年雨花区子弹库楚墓出土。此帛画为丧葬中使用的“引魂幡”，画面正中绘头戴高冠、身穿博袍、腰佩长剑的男子，当为墓主人形象。其人物形象刻画生动传神，是中国早期肖像画的杰出代表，与“人物龙凤帛画”并称为先秦绘画艺术中的双璧。

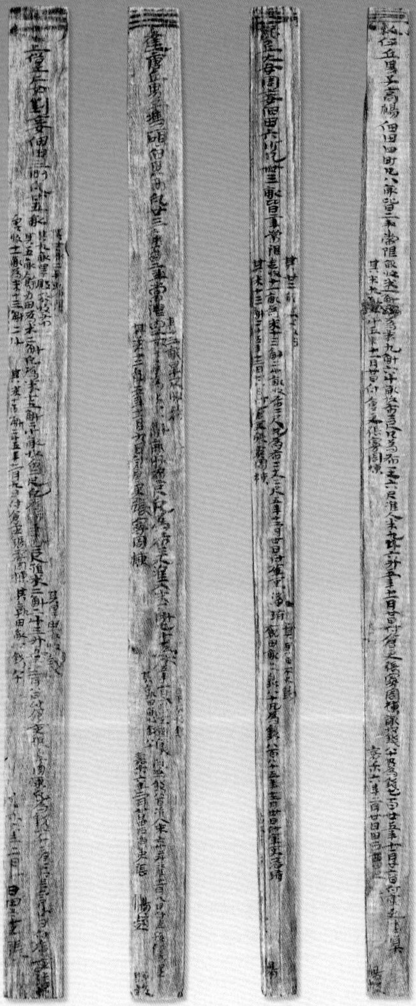

2025年
农历乙巳

壹月
January

腊月
十三
周日

12

13

周一
腊月
十四

三国 吴简大木简 **长沙简牍博物馆 藏**

1996年芙蓉区走马楼出土。长沙是我国出土简牍最多的城市，长沙走马楼是我国一次性出土简牍最多的地点。走马楼吴简中的行政文书，内容包括赋税、户籍、司法、钱粮出入、军民屯田、往来公文、书信等，记载了我国最早、最完整的“合同”券书形式。此木简是破莂保据的券书，记载孙吴时期长沙郡临湘县佃户租佃土地的数量及须向官府交纳钱粮、布匹等赋税的数额。

2025年
农历乙巳

壹月
January

腊月十五 周二

14

15

周三 腊月十六

唐 长沙窑青釉褐彩“湖南道草市石渚孟子有明樊家记”瓷碗

新加坡亚洲文明博物馆 藏

1998年印度尼西亚“黑石号”沉船出水。碗内底以褐彩书写“湖南道草市石渚孟子有明樊家记”十四字，此为长沙窑常见的广告用语，将其产地、生产商等信息逐一介绍。其中“湖南道”应为湖南都团练守捉观察处置使，简称湖南观察使。此为最早出现“湖南”二字的实物。

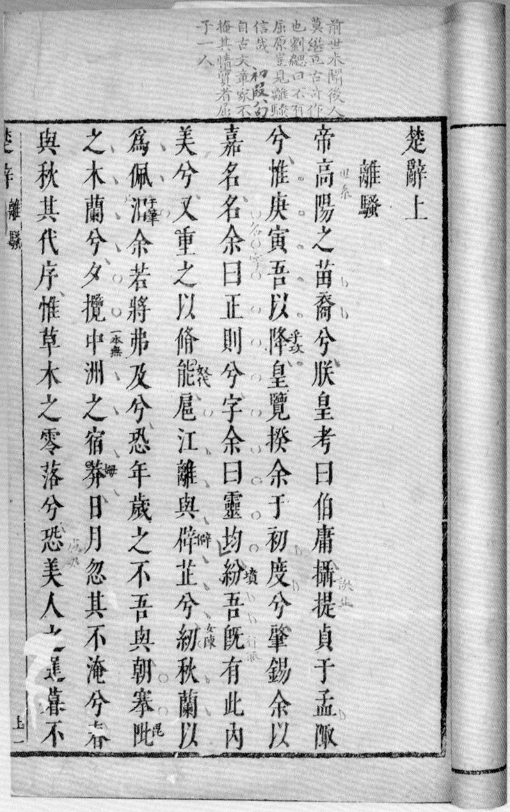

楚辭上

離騷

帝高陽之苗裔兮朕皇考曰伯庸攝提貞于孟陬兮惟庚寅吾以降皇覽揆余于初度兮肇錫余以嘉名名余曰正則兮字余曰靈均紛吾既有此內美兮又重之以脩能扈江離與辟芷兮紉秋蘭以爲佩汨余若將弗及兮恐年歲之不吾與朝搴阰之木蘭兮夕攬中洲之宿莽日月忽其不淹兮春與秋其代序惟草木之零落兮恐美人之遲暮不

楚辭 離騷 上一

2025年
农历乙巳

壹月
January

腊月十七 周四

16

17

周五 腊月十八

冬四九

《楚辞》明刻三色套印本 湖南图书馆 藏

《楚辞》是将屈原等人的作品编辑而成的一部诗歌总集。屈原（约前340—前278），战国时期楚国诗人、政治家，我国浪漫主义文学奠基人，被誉为“楚辞之祖”。屈原被放逐后行吟湘水之畔，留下《离骚》《九歌》《渔父》等千古绝唱，其绝作《怀沙》被解读为“怀念长沙”之作，故人们又称屈原为“屈长沙”，称长沙为“屈贾之乡”。

2025年
农历乙巳

壹月
January

国耳忘家，公耳忘私。利不苟就，害不苟去。

〔汉〕贾谊《治安策》

腊月十九 周六

18

19

周日 腊月二十

贾谊故居

贾谊故居位于天心区太平老街。贾谊（前200—前168），公元前177年至前174年任长沙王太傅，居此三年有余。故居前有一古井，相传为贾谊所凿，人称贾谊井，因杜甫“不见定王城旧处，长怀贾傅井依然”句，又名长怀井。

九成宮□泉銘

祕書監檢挍侍中

鉅鹿郡公臣魏徵

奉勅撰

維貞觀六年孟夏之

2025年
农历乙巳

壹月
January

大寒

腊月廿一 周一

20

21

周二 腊月廿二

〔唐〕欧阳询书《九成宫醴泉铭》南宋拓本　故宫博物院 藏

欧阳询（557—641），字信本，潭州临湘（今长沙）人。唐初著名学者和书法家。其书法世称“欧体”。《宣和书谱》称其正书为“翰墨之冠”。《九成宫醴泉铭》是欧阳询传世名碑之一，是楷书在唐代成熟的重要标志，被称为“天下第一楷书”。

2025年 农历乙巳

壹月 January

北方小年

腊月廿三 周三

22

23

周四 腊月廿四

南方小年

唐 “独幽”琴 **湖南博物院 藏**

琴面为桐木，琴底为梓木，冠角、岳山、承露由硬木所制。琴背刻“独幽”二字，龙池内有“太和丁未”四字，标明制作年代为唐文宗大和元年（827）。琴为“灵机式”，又称“凤嗉式”，琴体色泽典雅，通体糅栗壳色间朱红漆，多断纹，是鉴定唐琴的三大标准器之一。此琴曾为王船山珍藏，琴尾有李静题款及名家题诗，弥足珍贵。

怀素家长沙
幼而事佛经禅之
暇颇好笔翰

2025年
农历乙巳

壹月
January

腊月
廿五
周五

24

25

周六
腊月
廿六

〔唐〕怀素《自叙帖》 **台北故宫博物院 藏**

怀素（737—799），生于湖南零陵，后居长沙，唐代僧人、书法家，史称“草圣”。李白赞其“少年上人号怀素，草书天下称独步”。唐大历十一年（776）作《自叙帖》，概括一生主要事迹，自称“怀素家长沙，幼而事佛，经禅之暇，颇好笔翰”，其墨气变化，神采动荡，被誉为“天下第一草书”。

英雄獨立圖

2025年

农历乙巳

壹月

January

冬五九

腊月廿七 周日

26

27

周一 腊月廿八

〔清〕曾国藩题蒋廷锡《英雄独立图》 **长沙博物馆 藏**

清代著名宫廷画家蒋廷锡（1669—1732）所作。图中赤崖之上，一只黑翎白雕侧身天地，独立苍茫。曾国藩题“英雄独立图”五字于其上。款识：同治三年蒲节题南沙相国真迹，涤生曾国藩。曾国藩（1811—1872），字伯涵，号涤生，湘乡人，为“晚清第一名臣”、湘军创立者。

2025年
农历乙巳

壹月
January

除夕

腊月廿九 周二

28

29

周三 正月初一

春节

浏阳花炮制作技艺（国家级非遗项目）

浏阳花炮源远流长，一直尊李畋为祖师。据 1935 年出版的《中国实业志》记载，湖南爆竹之制造，始于唐，盛于宋末，发源于浏阳。清代康熙年间，其生产已具相当规模。现浏阳已成为我国最大的花炮产销地，全球 70% 的烟花出口来自“烟花之乡”浏阳。

傳觀

十二日

實切社會立論，目光如炬，落墨大方，恰似報筆，而義法亦駸駸入古。

精理名言，故未曾有。

逆折而入，筆力挺拔。

歷觀生作，練成一色文字，自是偉大之器，再加功候，吾不知其所至。

力能扛鼎。

積理宏富。

商鞅徙木立信論

普通一班 毛澤東

吾讀史至商鞅徙木立信一事，而嘆吾國國民之愚也，而嘆執政者之煞費苦心也，而嘆數千年來民智之不開、國幾蹈於淪亡之慘也。謂予不信，請罄其說。

法令者，代謀幸福之具也。法令而善，其幸福吾民也必多，吾民方恐其不布此法令，或布而恐其不生效力，必竭全力以保障之，維持之，務使達到完善之目的而止。政府國民互相倚繫，安有不信之理？法令而不善，則不惟無幸福之可言，且有危害之足懼，吾民又必竭全力以阻止此法令。雖欲吾信，又安有信之之理？乃若商鞅之與秦民適成此比例之反對，抑又何哉？

商鞅之法，良法也。今試一披吾國四千餘年之紀載，而求其利國福民偉大之政治家，商鞅不首屈一指乎？鞅當孝公之世，中原鼎沸，戰事正殷，舉國疲勞，不堪言狀。於是而欲戰勝諸國，統一中原，不綦難哉？於是而變法之令出，其法懲奸宄以保人民之權利，務耕織以增進國民之富力，尚軍功以樹國威，孥貧怠以絕消耗。此誠我國從來未有之大政策，民何憚而不信？乃必徙木以立信者，吾於是知執政者之具費苦心也，吾於是知吾國國民之愚也，吾於是知數千年來民智黑暗國幾蹈於淪亡之慘境有由來也。

雖然，非常之原，黎民懼焉，吾又何怪焉？吾特恐此徙木立信一事，若令彼東西各國文明國民聞之，當必捧腹而笑，噭舌而譏矣。烏乎！吾欲無言。

有法律知識，具哲理思想，借題發揮，純以唱嘆之筆出之，是為壓題法，至推論商鞅之法為數千年來良政策，言之鑿鑿，絕無浮煙漲墨繞其筆端，是有功於社會文字。

滌盦 六月廿八號

2025年
农历乙巳

壹月
January

正月初二 周四

30

31

周五 正月初三

毛泽东《商鞅徙木立信论》 中央档案馆 藏

《商鞅徙木立信论》是1912年毛泽东在湖南全省公立高等中学堂（今长沙市一中）读书时的作文，也是现存毛泽东最早的手迹，时任国文教员的柳潜给予其一百分的成绩。该文联系社会现实，提出当政者要以民为本、以法治国、开发民智、取信于民。

2024 龙年春晚长沙分会场

贰月

February

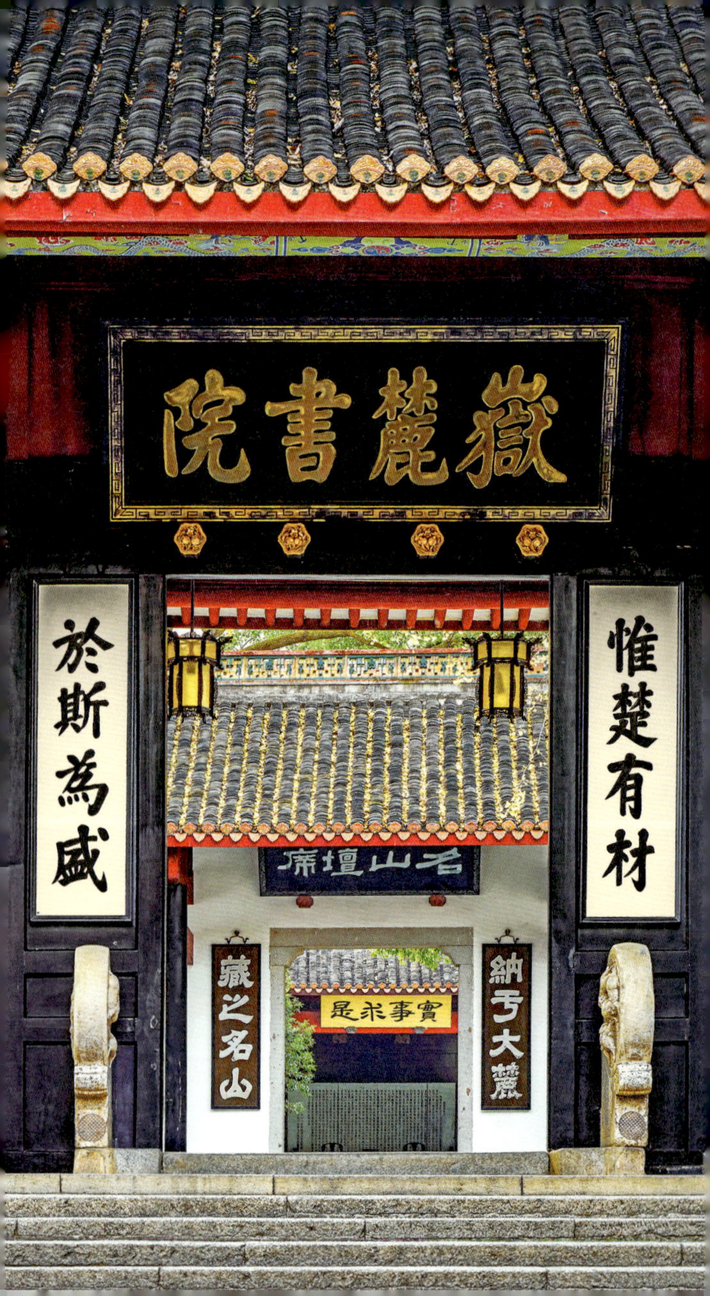
嶽麓書院
於斯為盛
惟楚有材
名山壇席
藏之名山
納于大麓
實事求是

2025年
农历乙巳

贰月
February

正月初四 周六

01

02

周日 正月初五

湿地日

岳麓书院

岳麓书院坐落于湘水之滨、岳麓山下，为中国古代“四大书院”之一。北宋开宝九年（976）始建，先后有宋真宗、乾隆帝御笔赐书“岳麓书院”“道南正脉”匾额。宋乾道三年（1167），朱熹、张栻论学于此，“一时舆马之众，饮池水立涸”，留下“朱张会讲”佳话。清末改制为湖南高等学堂，1926年定名湖南大学，千年弦歌，一脉相承，故有“千年学府”之称。今为全国重点文物保护单位。

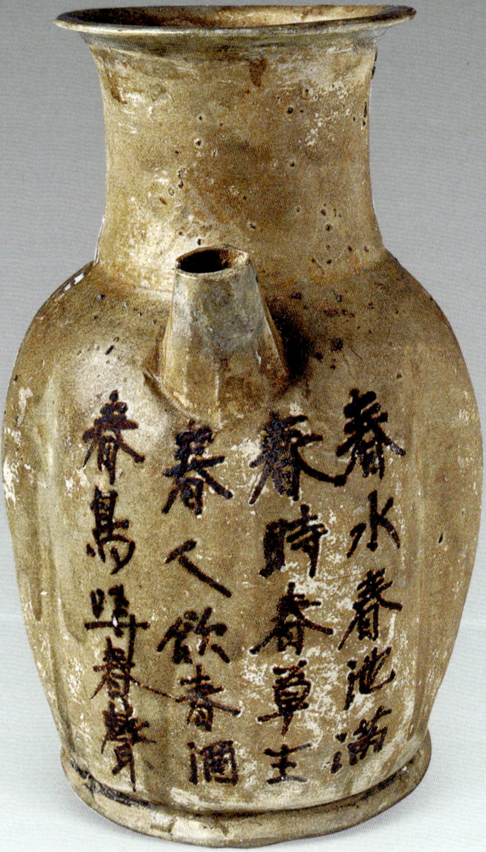
春水春池滿
春時春草生
春人飲春酒
春鳥哢春聲

2025年

农历乙巳

贰月

February

立春

正月初六 周一

03

04

周二 正月初七

冬六九

唐　长沙窑青釉褐彩“春水春池满”诗文壶　　湖南博物院　藏

壶为喇叭口，瓜棱腹，多棱短流，平底。流下以褐彩书五言诗一首：“春水春池满，春时春草生。春人饮春酒，春鸟哢（弄）春声。”句意简明，朗朗上口，诗趣盎然。

2025年
农历乙巳

贰月
February

正月初八 周三

05

06

周四 正月初九

西汉 “中国大宁”鎏金铜镜 **中国国家博物馆 藏**

1951年开福区伍家岭出土。镜缘铸有五十二字铭文：“圣人之作镜兮，取气于五行。生于道康兮，咸有文章。光象日月，其质清刚。以视玉容兮，辟去不祥。中国大宁，子孙益昌。黄裳元吉，有纪纲。”是铭文里较早出现“中国”一词的铜镜。

古麓山寺
湖湘第一道場
漢魏最初名勝
长沙市岳麓区佛教協会
Buddhist Association of Yuelu District, Changsha City
湖南佛学院
Hunan Buddhist College

2025年
农历乙巳

贰月
February

正月初十 周五

07

08

周六 正月十一

麓山寺

麓山寺坐落于岳麓山腰，左临清风峡，右饮白鹤泉。建于西晋泰始四年（268），初名慧光明寺，唐初更名麓山寺，是佛教入湘最早的丛林，素称“汉魏最初名胜，湖湘第一道场”。后殿观音阁前罗汉松传为南北朝时栽植，又名六朝松。

夫天之道也東
仁而首西義而
藏故清泰所居
指於成壹者也

2025年
农历乙巳

贰月
February

正月十二 周日

09

10

周一 正月十三

〔唐〕李邕书《麓山寺碑》宋拓本

唐开元十八年（730）李邕撰文并书。李邕（678—747），字泰和，扬州人，曾任北海太守，人称“李北海”。《麓山寺碑》文、书、刻工艺兼美，又称“三绝碑”，是长沙尚存最早、价值最高的碑刻。原碑位于长沙最早的佛教寺院古麓山寺中，后移至岳麓书院。宋元丰三年（1080），米芾曾专程前来临习，并刻字于碑阴。

火宫殿

2025年
农历乙巳

贰月
February

正月十四 周二

11

12

周三 正月十五

元宵节

火宫殿庙会（国家级非遗项目）

火宫殿火神庙主要供奉火神祝融。据《湖南通志》载，明末清初湖南各府、州、县建有火神庙一百余座，唯长沙火宫殿火神庙保留至今，成为传统火神崇拜民俗传承的重要场所。因紧邻湘江码头，“北客山陕、南客苏杭，汇聚于斯；火神、财神、老郎，三会斗胜；餐饮、药号、钱庄，百业争雄”，火宫殿庙会成为集民俗、饮食文化于一体的传统节庆集会。

2025年
农历乙巳

贰月
February

冬七九

正月
十六
周四

13

14

周五
正月
十七

情人节

商 “戈父”铜鼎 **湖南博物院 藏**

1974年采集于长沙。鼎口沿下以扉棱间隔，饰六组相间的夔龙纹，器内壁有“戈父”铭文。“戈”代表夏禹后裔的姒姓国族，学术界多将这种符号释为族徽，是戈人遗留的实物依据，甚至认为族徽“戈”是夏部落联盟后裔的共同标志。

天心阁

2025年
农历乙巳

贰月
February

四面云山都入眼，万家烟火总关心。

〔清〕黄兆枚《天心阁联》

正月十八 周六

15

16

周日 正月十九

天心阁

天心阁位于天心区天心路，始建于明万历年间，初名“天星阁”，后引《尚书》“成有一德，克享天心”之意，更名“天心阁”。清咸丰二年（1852）太平军攻打长沙未克，西王萧朝贵阵亡阁前。1913年至1918年，青年毛泽东就读湖南第一师范时，常至天心阁游览、学习。1924年保留天心阁段城墙，建成湖南省首个公园。

2025年
农历乙巳

贰月
February

正月二十 周一

17

18

周二 正月廿一

雨水

秦 “四年”吕不韦铜戈 中国国家博物馆 藏

1957年雨花区左家塘秦墓出土。此戈胡上四穿，内上一穿，内两面有铭文，一面刻“四年相邦吕工寺工龙丞”，另一面刻一“可”字。“相邦吕”即秦相国吕不韦，“四年”即秦王政四年（前243）。

八十八歲白石老人寫於京華
鐵柵屋

2025年
农历乙巳

贰月
February

正月
廿二
周三

19

20

周四
正月
廿三

齐白石《虾戏图》　　湖南博物院 藏

齐白石（1864—1957），名璜，号白石，湖南湘潭人，中国近代画坛一代宗师。此作品为齐白石八十八岁创作，用墨用水功夫精妙，呈现墨、水与宣纸结合的气韵效果，其虾观之通体透明，形象生动，一张白纸仿若一溪清水。

IFS
国金中心
8287 8888

2025年
农历乙巳

贰月
February

正月廿四 周五

21

22

周六 正月廿五

冬八九

长沙国际金融中心（IFS）

长沙国际金融中心（IFS）位于黄兴路与解放路交会处，为湖南省第一高楼，主楼高452米，总建筑面积102万平方米，集大型购物娱乐中心、高端写字楼、酒店式公寓及国际白金五星级酒店于一体，是长沙市高端现代服务业的标志性建筑。

茶顏
家族

2025年
农历乙巳

贰月
February

正月廿六 周日

23

24

周一 正月廿七

茶颜悦色

茶颜悦色 2013 年创立于长沙，为新式现萃茶饮品牌。其“新中式鲜茶”将意式咖啡的产品思路融入中国茶的制作，坚持每一杯鲜茶现调现萃，保留鲜茶最适宜的口感。除了茶饮，茶颜悦色还将茶叶生产的一、二、三产业链紧密相连，为湖南茶叶产业高质量发展探索新路径，开创了奶茶业的“长沙模式”。

CHANGSHA Calendar 2025

2025年
农历乙巳

贰月
February

正月
廿八
周二

25

26

周三
正月
廿九

元 青花双鱼水藻纹瓷盘 湖南博物院 藏

盘内外施白釉，釉质光亮莹润，砂底无釉，足边微泛火石红。釉下青花发色纯正，幽菁明丽。内底心为双鱼水藻纹，两条鲤鱼，一上一下，游戏于水藻睡莲之中。鱼藻图是元代瓷器上流行的一种纹样，画面线条活泼流畅，犹如一幅充满生机的水墨画，既有强烈的视觉冲击力，也具清新自然的美感。

2025年
农历乙巳

贰月
February

正月三十
周四

27

28

周五
二月初一

商 凤鸟纹铜“戈”卣　　　　**湖南博物院 藏**

1970年宁乡黄材镇出土。盛酒器，出土时内藏玉玦、玉管等三百二十多件玉器。此卣提梁饰龙纹，器颈、腹、圈足及盖沿饰凤纹，造型极尽变化，纹饰繁缛富丽，为商晚期向西周过渡的经典器物。器、盖同铭，各铸器主族名“戈”字。戈族是夏商时期中原地区旺族，此器的出土说明部分“戈”人至少在商代晚期已来到湖南。

湖南省植物园

叁月

2025年

农历乙巳

叁月

March

大围山高高几许，绝顶嵯峨戴林坞。

石隙花开自春夏，地炉僧拥无寒暑。

［元］欧阳玄《大围山》

龙抬头

二月初二 周六

01

02

周日 二月初三

大围山国家森林公园

大围山国家森林公园位于浏阳市，为国家 AAAA 级旅游景区。浏阳河在此发源，其最高峰七星峰海拔 1607.9 米，是著名的杜鹃花观赏胜地。公园植被覆盖率达 99.5%，洗肺谷空气中每立方厘米负氧离子含量高达 85900 个。我国第一部武侠片《火烧红莲寺》的原型红莲寺即位于景区内。

2025年
农历乙巳

叁月
March

冬九九

二月初四 周一

03

04

周二 二月初五

商 铜象尊 湖南博物院 藏

1975年醴陵狮形山出土。该尊为当时祭祀礼仪中使用的盛酒礼器，是目前发现唯一有明确出土地点的商代铜象尊，也是造型最为生动、铸造最为精美的鸟兽尊之一，反映出我国古代高超的青铜器铸造技艺。

雷锋故居

2025年
农历乙巳

叁月
March

把有限的生命，投入到无限的为人民服务之中去。

《雷锋日记》

学习雷锋纪念日

惊蛰

二月初六 周三

05

06

周四 二月初七

雷锋故居

雷锋（1940—1962），出生在长沙望城一户贫苦农民家庭，1958年成为团山湖农场拖拉机手，1960年入伍，1962年因公殉职。1963年3月5日，毛泽东“向雷锋同志学习”的题词在《人民日报》《光明日报》等头版刊登。以“信念的能量、大爱的胸怀、忘我的精神、进取的锐气”为核心的雷锋精神，影响了一代代中国人。长沙涌现出大批学雷锋先进典型、道德模范、感动中国人物，形成了“雷锋家乡学雷锋”的生动局面。其故居现为全国爱国主义教育基地。

2025年
农历乙巳

叁月
March

二月初八 周五

07

08

周六 二月初九

妇女节

缪伯英故居

缪伯英（1899—1929），湖南长沙人。中国共产党第一位女党员，中共早期妇女运动的先驱和领袖。曾负责筹备北京女权运动同盟会，参与领导京汉铁路北段总罢工。1925 年 1 月担任中共湖南省委第一任妇委会书记。1929 年 10 月在上海病逝。其故居位于长沙县开慧镇，始建于清道光十年（1830），今为全国妇女爱国主义教育基地。

2025年
农历乙巳

叁月
March

二月初十 周日

09

10

周一 二月十一

金井绿茶制作技艺（省级非遗项目）

南方有嘉木，潇湘产好茶。《本草纲目》记载："楚之茶，则有湖南之白露，长沙之铁色。"长沙县金井青山绿水间的阳光雨露孕育滋味醇厚的优质绿茶。采茶时的精挑细选，摊青时的耐心守候，杀青时的火候掌握，揉捻时的巧手翻飞，代代相传的制作技艺，使绿茶具有"形美、色绿、香郁、味醇"的特点，体现对自然之味的极致追求。

中山亭

2025年
农历乙巳

叁月
March

二月十二 周二

11

12

周三 二月十三

植树节

中山亭

中山亭位于开福区黄兴路与中山路交会处，原为清后期建筑，咸丰三年（1853）重修，1930 年建成附属钟楼，并正式命名为中山亭。钟楼坐南朝北，高五层，西式方形建筑，四向装有德国进口电动标准时钟，为长沙城市使用公共标准时钟之始。先后用作民众教育馆、文化馆、图书馆，历经战火而幸存于世，是长沙近百年城市历史变迁的见证。

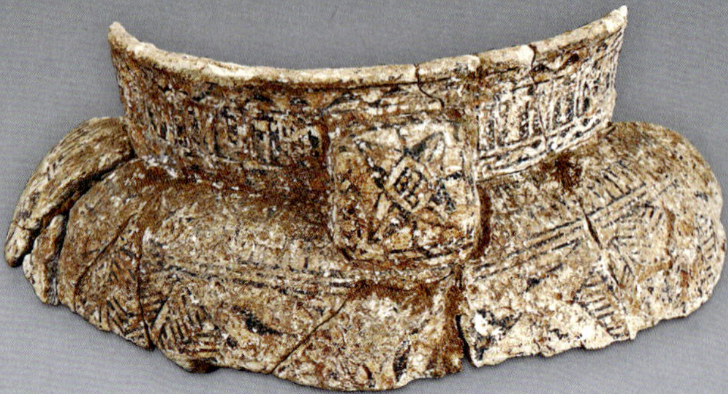

2025年
农历乙巳

叁月
March

二月十四 周四

13

14

周五 二月十五

新石器时代 彩绘鸟纹双耳陶罐（残片） **长沙博物馆 藏**

1986 年天心区南托大塘遗址出土。白陶，罐口至颈部饰以褐彩绘三角水波且类似舞蹈人物形态的格纹，系部彩绘变形叶状纹饰，肩部以下绘对称的高冠凤鸟，线条极其流畅轻盈，是中国南方出土的同时代最精美的彩陶之一。

2025年
农历乙巳

叁月
March

消费者权益日

二月十六 周六

15

16

周日 二月十七

〔五代〕董源《潇湘图》 故宫博物院 藏

潇湘是历代文人歌咏图画的主题。《潇湘图》作为中国山水画史上代表性作品之一，被历代文人贵族争相收藏。此幅《潇湘图》是现存最早题为“潇湘”的画作，其作者董源（约937—约962）被奉为南派山水画开山鼻祖。该画清代入藏内府，溥仪出宫时携至长春，抗日战争后流散民间。1952年由张大千捐卖给中国政府，入藏故宫博物院至今。

CHANGSHA Calendar 2025

2025年
农历乙巳

叁月
March

二月十八 周一

17

18

周二 二月十九

战国 透雕龙纹青玉佩 长沙博物馆 藏

1982年芙蓉区黄泥坑统战指挥部二号墓出土。玉佩呈扁平半圆状，下部边沿为同身双首龙，双龙以减地手法雕琢，显得尤为立体生动，周身以阴线刻画“S”形纹和方格纹，具有典型的战国玉器风格。

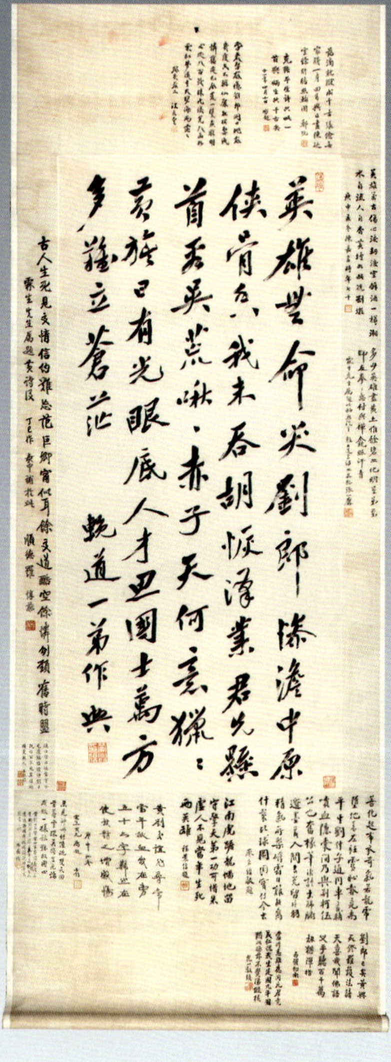

CHANGSHA Calendar 2025

2025年
农历乙巳

叁月
March

二月二十 周三

19

20

周四 二月廿一

春分

黄兴《挽刘道一诗》 湖南博物院 藏

黄兴（1874—1916），字克强，湖南善化（今长沙）人，中国近代民主革命家，中华民国创建者之一。刘道一（1884—1906），湖南湘潭人，萍浏醴起义领导人之一。1906年，刘道一在长沙被清军抓获后于浏阳门外从容就义，年仅22岁。黄兴为其所写的挽诗，是一篇英雄哭英雄、生死见交情的泣血文字。

古瀏陽門

2025年
农历乙巳

叁月
March

二月
廿二
周五

21

22

周六
二月
廿三

古浏阳门

古浏阳门位于芙蓉区，始建于五代时期，因连接通往浏阳的驿道而得名，为长沙古城东门之一，也是长沙“老九门”之一。民国时期因修筑铁路拆除，百年后仿古浏阳门重建于浏正街口。

光宗

臣嘗[illegible]其[illegible]何為者也，春秋之[illegible]周[illegible]未建[illegible]心[illegible]臣子有異[illegible]而置以天下[illegible]誠不

[illegible]何為者也，以理[illegible]宗崩[illegible]乃日奉几筵[illegible]為之也，不亦[illegible]道者相[illegible]

[illegible]以[illegible]問[illegible]至于宗社[illegible]生民[illegible]大[illegible]天子[illegible]大[illegible]

者[illegible]而不[illegible]于道，故以[illegible]民物，而[illegible]有不君不仁不[illegible]情[illegible]

[illegible]而[illegible]所[illegible]亦[illegible]士大夫[illegible]宗社生民[illegible]而[illegible]

者[illegible]可以伸[illegible]公不[illegible]

[illegible]者不[illegible]也，況天子[illegible]宗[illegible]于此哉[illegible]天下[illegible]則[illegible]天下[illegible]

以[illegible]人[illegible]而[illegible]者宗之[illegible]天下[illegible]宗[illegible]天下而[illegible]

[illegible]而[illegible]其[illegible]但使[illegible]

[illegible]自有[illegible]以[illegible]不與物相[illegible]而[illegible]可[illegible]

而[illegible]不[illegible]者[illegible]也若天[illegible]

[illegible]而[illegible]

位之中，膺元良之命，而年踰六十

之帝[illegible]者[illegible]于[illegible]

之[illegible]與有[illegible]也，而[illegible]以方[illegible]之氣[illegible]而不[illegible]者也[illegible]者天子[illegible]

[illegible]有入焉[illegible]而相[illegible]天[illegible]而事[illegible]相[illegible]而[illegible]宗之[illegible]也[illegible]

[illegible]之例而[illegible]與[illegible]而宗之[illegible]有內中[illegible]者非[illegible]而[illegible]大[illegible]不[illegible]

中有[illegible]入[illegible]大[illegible]

況光宗者[illegible]於[illegible]而下[illegible]非有[illegible]以[illegible]

以[illegible]宗之付[illegible]光宗[illegible]而[illegible]之以[illegible]神[illegible]

[illegible]而[illegible]光武[illegible]而[illegible]帝，而[illegible]

[illegible]有[illegible]以[illegible]而[illegible]武帝[illegible]氏[illegible]宗[illegible]

由[illegible]宗而[illegible]光宗者[illegible]有[illegible]宗[illegible]

2025年
农历乙巳

叁月
March

君子之道，以人治人者也。

〔明〕王夫之《宋论》

二月廿四 周日

23

24

周一 二月廿五

〔明〕王夫之《宋论》手稿 湖南博物院 藏

王夫之（1619—1692），字而农，号薑斋，湖南衡阳人，明末清初伟大的思想家、哲学家，世称“船山先生”，其一生著述800多万字、400余卷。此《宋论》手稿通篇蝇头小字，形备、质美、力健，满卷温雅之气，有陈浴新、夏承焘题识和题诗，是存世不多的船山先生真迹之一。

CHANGSHA Calendar 2025

2025年
农历乙巳

叁月
March

二月廿六 周二

25

26

周三 二月廿七

〔清〕曾国藩行书“唐公右丞”团扇面 长沙博物馆 藏

曾国藩生平除军政事务外，于古文、诗词亦很有造诣。其书法劲健挺拔而华美，小楷与小行书为清代书法典范，是当时与包世臣、何绍基齐名的大书家。作品中“洁如冰壶，刚简有智”八字，不仅是对清官唐公的褒誉，也是曾国藩书法风格的一种写照。

2025年

农历乙巳

叁月

March

二月 廿八 周四

27

28

周五 二月 廿九

左宗棠墓

左宗棠（1812—1885），字季高，一字朴存，号湘上农人，湖南湘阴人，谥文襄，我国近代政治家、军事家，洋务派代表人物之一。左宗棠墓位于雨花区跳马镇白竹村，墓园入口有“重修左宗棠墓碑记”，墓碑刻“皇清太傅大学士恪靖侯左文襄公之墓”。两侧华表刻联语：“汉业唐规西陲永固；秦川陇道塞柳长青”。

偉臣七兄屬
一室莊嚴妻子佛
四時經濟米鹽花
左宗棠

2025年
农历乙巳

叁月
March

三月初一 周六
29

30
周日 三月初二

〔清〕左宗棠行书“一室·四时”七言联　**长沙博物馆 藏**

左宗棠擅书法，崇碑版，篆、隶、行、草兼善，笔力雄健，风格豪迈。近人评其书法称：“文襄公行书出清臣（颜真卿）、诚悬（柳公权），北碑亦时凑笔端，故肃然森立，劲中见厚。”此行书七言联结字清峭，布局疏朗，于撇捺处作纵横吞吐之势，尽显左氏书法之妙。

2025年

农历乙巳

叁月

March

杨柳人家烟里住，杏花时节雨声多。

〔清〕徐受《渡乔口》

上巳节

三月初三

周一

31

乔口古镇

乔口镇位于长沙、益阳、岳阳三地交界处，毗邻湘江，水运便利，旧时商贸发达，故有“长沙十万户，乔口八千家。朝有千人作揖，夜有万盏明灯”之说。今存三贤祠、万寿宫、乔江书院等古迹。境内团头湖是长沙最大的自然湖泊，渔业资源丰富。

长沙铜官窑国家级旅游度假区

肆月

April

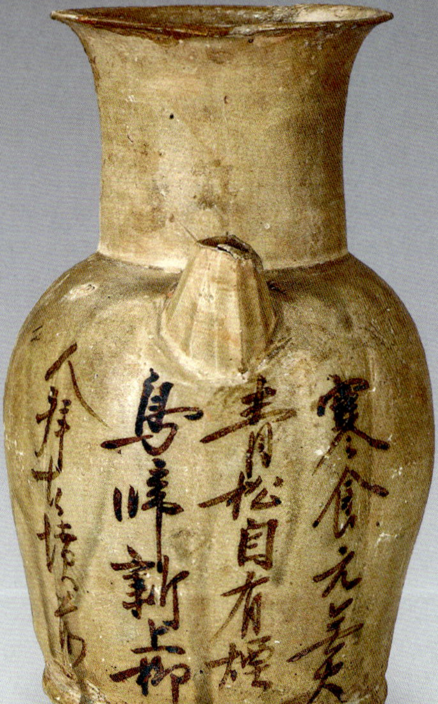
寒食元無火
青松自有煙
鳥啼新上柳
人拜古墳前

2025年
农历乙巳

肆月
April

三月初四 周二

01

02

周三 三月初五

唐 长沙窑青釉褐彩“寒食元无火”诗词壶 长沙博物馆 藏

1983 年望城古城村出土。胎质灰色，通体施青釉不及底。壶肩有半环形柄，柄对一多棱柱短流，流下褐彩书诗一首：“寒食元无火，青松自有烟。鸟啼新上柳，人拜古坟前。”

2025年
农历乙巳

肆月
April

寒食

三月初六 周四

03

04

周五 三月初七

清明

油画《清水塘畔》

《清水塘畔》是著名油画家李自健为缅怀毛泽东与杨开慧而创作的巨幅油画。画中青年毛泽东与杨开慧手握着手，坐在水塘边相偎相依，清澈的水面倒映着他们相融的身影。离愁别恨之思与心忧天下之情缠绕交织，悲切凝重，撼人心魄。

2025年
农历乙巳

肆月
April

三月初八 周六

05

06

周日 三月初九

西汉 马王堆1号汉墓T形帛画 **湖南博物院 藏**

1972年马王堆1号汉墓出土。帛画以单层细绢作地，绢地现呈棕色，整个画面呈T形，上宽下窄。画面分为天界、人间、地下三部分，画中人物神态各异，颇为生动。绘画色彩丰富浓烈，意境庄重典雅，体现出楚汉文化的神秘色彩。

第一篇
正风肃纪 全面从严治

2025年
农历乙巳

肆月
April

三月初十 周一

07

08

周二 三月十一

中国共产党长沙历史馆

中国共产党长沙历史馆位于开福区八一路清水塘，是一座党史专题纪念馆，占地面积约 4 万平方米。馆内有“长岛人歌动地诗”“湘区丰碑”专题陈列等，全面系统地展示了中国共产党领导长沙人民开展革命斗争、建设美丽家园、取得繁荣发展的伟大历史成就，可沉浸式体验“十步之内，必有芳草”的长沙红色文化。

2025年
农历乙巳

肆月
April

三月十二 周三

09

10

周四 三月十三

西汉 五弦漆木筑 **长沙简牍博物馆 藏**

1993年岳麓区望城坡西汉渔阳王后墓出土。筑由整木剜制，大头细颈，形制如棒槌，除音箱部分通体髹黑漆。筑，中国古代击弦乐器，其声悲亢激越。自宋代以后失传，只见记载，不见实物，直至此件出土，故学术界称其为“天下第一筑”。

2025年
农历乙巳

肆月
April

三月十四 周五

11

12

周六 三月十五

西汉 镂雕动物纹玉嵌饰 湖南博物院 藏

1978年岳麓区象鼻嘴西汉早期吴氏长沙国王室墓出土。饰件为青玉，扁体略呈椭圆状。正面中央镶嵌一绿松石，外圈镂雕着生动的龙、凤、熊等动物。背面中央有一短圆柱，中一小圆穿孔可用于嵌插捆系。整器采用镂空雕刻手法，线条刚劲有力，构图完美和谐、主次分明，是汉玉中不可多得的艺术珍品，足以代表西汉玉器工艺的巅峰水平。

2025年
农历乙巳

肆月
April

三月十六 周日

13

14

周一 三月十七

新民学会成立会旧址

新民学会成立会旧址位于岳麓区新民路。1918 年 4 月 14 日，毛泽东、蔡和森等在此发起成立新民学会。学会最初以“革新学术，砥砺品行，改良人心风俗”为宗旨，1920 年改为以“改造中国与世界”为方针。新民学会为伟大建党精神的形成作出了重要贡献，被誉为“建党先声”。今为全国重点文物保护单位。

CHANGSHA Calendar 2025

2025年
农历乙巳

肆月
April

三月十八 周二

15

16

周三 三月十九

西汉 “长沙元年”铜鼎 **湖南博物院 藏**

1949年雨花区桂花园枫树坪出土。鼎口沿下一圈铭文“敕庙铜鼎一容斗五升有盖并重十五斤六两长沙元年造第三”。此鼎为长沙王府宗庙中的礼器，是成套铜鼎中的第三件。

2025年

农历乙巳

肆月

April

三月二十 周四

17

18

周五 三月廿一

马栏山视频文创园

马栏山视频文创园位于开福区，“马栏山”相传因关羽“战长沙”时在此屯兵养马而得名。现园区面积 15.75 平方公里，汇聚 3500 余家视频文创上下游企业，形成涵盖创意、内容制作、储存、播发、交易的数字文化产业链，被誉为“中国 V 谷”。“马栏山指数”成为引领全国视听行业发展的重要“风向标”。

山鳴谷應聲威壯雨嘯風
淒草野寒 鄧春林畫 柳建新繡

2025年
农历乙巳

肆月
April

三月 廿二 | 周六

19

20

周日 | 三月 廿三

谷雨

湘绣（国家级非遗项目）

中国四大名绣之一。湘绣历史悠久，长沙战国楚墓和马王堆汉墓出土的大批绣品，展现出2000多年前刺绣艺术高度发展的景象。湘绣在清代后期形成了具有独特风格的刺绣体系，“绣花能生香，绣鸟能听声，绣虎能奔跑，绣人能传神”，尤以“鬅毛针”表现虎、狮堪称一绝，“双面全异绣”更是巧夺天工，令人惊叹。

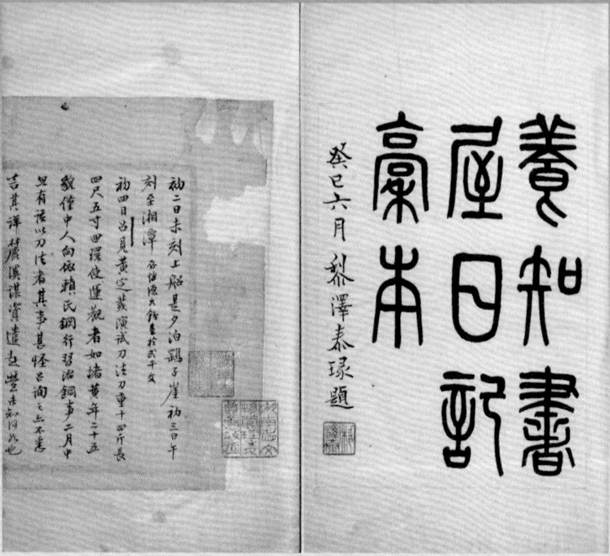

養知書屋日記稿本

癸巳六月 黎澤泰篆題

初二日未刻上船是夕泊鷂子崖初三日午
刻至湘潭 各伯源大錢墨於式千文
初四日出見黃定戴演試刀法刀重十四斤長
四尺五寸四環使運旋者如擣黃年二十五
家僮中人向依賴氏鋼行習冶銅事二月中
與有能以刀法者其事甚怪者詢之亦不甚
言其詳 藏溪謀資遣之 豈未知何故也

2025年
农历乙巳

肆月
April

三月
廿四
周一

21

22

周二
三月
廿五

地球日

〔清〕郭嵩焘《养知书屋日记》 湖南图书馆 藏

郭嵩焘（1818—1891），湘阴人，中国首位驻外使节，曾出使英国、法国。《养知书屋日记》起自清咸丰五年（1855），止于光绪十七年（1891）郭去世前一日，共二百多万字，详细记载了当时的内政外交、社会状况和学术艺文等情况，尤以出使英法时期所记西方政情、风俗、宗教、科技、工业与西洋文明等内容最为宏富，为研究近代史的重要资料。

2025年

农历乙巳

肆月

April

世界读书日

三月廿六 周三

23

24

周四 三月廿七

齐白石《鼠子闹山斋图》 长沙博物馆 藏

齐白石（1864—1957），名璜，号白石，湖南湘潭人，中国近代画坛一代宗师。画作中，三只老鼠憨态可掬地围绕在书册旁，充满生活气息。画旁题："余一日画《鼠子闹山斋图》，为同乡人窃之袖去。楚失楚得，何足在怀，遂捡纸又画此幅。白石并记。"

2025年
农历乙巳

肆月
April

三月 周
廿八 五

25

26

周 三月
六 廿九

惜字塔

惜字塔位于望城区茶亭镇官冲村，用于焚烧书有文字的纸张，是古人“敬惜字纸”理念的体现。光绪二十六年（1900）塔尖遭雷击损毁，后长出一株朴树，形成塔树共存之奇观。惜字塔对于研究清代石塔建筑形制具有较高的历史和艺术价值，今为省级文物保护单位。

是非審之於己毀譽聽之於人得失安之於數陟嶽麓
峯頭朗月清風太極悠然可會
君親恩何以酬民物命何以立聖賢道何以傳登赫曦
臺上衡雲湘水斯文定有攸歸

2025年

农历乙巳

肆月

April

三月三十 周日

27

28

周一 四月初一

岳麓书院讲堂长联

旷敏本（1700—1784），清代衡山县人，著有《周易旁训》《岣嵝易述》等。任岳麓书院山长时撰此联，上联谈个人自我修养，下联讲爱国为民担当，共66字，为岳麓书院所有对联中最长的一副。该联对于培养学生的德行学识产生了深远影响。原件毁于抗战时期，1983年由书法家颜家龙补书重刻。

2025年
农历乙巳

肆月
April

四月初二 周二

29

30

周三 四月初三

《西汉初期长沙国南部地形图》 湖南博物院 藏

1973年马王堆3号汉墓出土，又名《西汉初期长沙国深平防区图》。绢质，方位上南下北。所绘主区为汉初长沙国南部八县（道）。其主区比例约为1：180000，地貌采用闭合曲线表示法，山体清晰醒目，位置准确。河流位置、流向和水系结构大部分与现代地图接近，是现存最早的彩色帛绘地图，也是最早把南海绘入的中国古地图。

大围山杜鹃花

伍月

May

2025年
农历乙巳

伍月
May

四月初四 周四

01

劳动节

五一商圈

五一商圈位于五一广场、黄兴中路一带。约三千年前，楚人在今五一广场修筑邑城，历经王城、郡城、州城、都城、省城，三千年城址不变，世所罕见。今五一商圈在长沙中心商圈独占鳌头，时尚潮牌和传统老字号相辉映，是长沙旅行首选打卡地，入选第一批国家级夜间文化和旅游消费集聚区。

2025年
农历乙巳

伍月
May

湖南为客动经春，燕子衔泥两度新。
旧入故园常识主，如今社日远看人。

〔唐〕杜甫《燕子来舟中作》

四月初五 周五

02

03

周六 四月初六

杜甫江阁

杜甫江阁位于天心区湘江之畔，为缅怀诗圣杜甫而建。唐大历三年（768），杜甫自蜀中前往长沙投奔好友未果，乃佃小西门外湘江边小楼而居，名之“江阁”。寓居长沙期间，杜甫作诗50余首，包括知名的《江南逢李龟年》《发潭州》等。其《江阁对雨有怀》《江阁卧病走笔》等，更记录了其寄居江阁期间所遇所感。

潮宗文化街區
炭固
日式烧肉
DRAFT PAPER
REVERSE BALANCE
DESIGN
LIU WAIWAI
BINGKUO LUO

2025年

农历乙巳

伍月

May

青年节

四月初七 周日

04

05

周一 四月初八

立夏

潮宗街

潮宗街位于开福区，为明清时长沙县衙所在地。因紧邻湘江码头，经营各县谷米，旧时又称“米街”。毛泽东等人所创文化书社旧址、韩国国父金九活动旧址均位于此。今街巷基本保留明清以来格局，街内云集各类“潮”味十足的创意业态，与历史气息相得益彰。2023 年，潮宗街入选第三批国家级旅游休闲街区名单。

2025年

农历乙巳

伍月

May

四月初九

周二

06

07

周三

四月初十

火宫殿臭豆腐制作技艺（国家级非遗项目）

臭豆腐是长沙著名小吃，发源于火宫殿，距今已有百余年历史。火宫殿臭豆腐由特色卤水制作，具有外表墨黑焦脆、内芯洁白细嫩的特征，配以传统辣椒油汤，初闻臭气扑鼻，细嗅浓香诱人。火宫殿凭借“闻起来臭、吃起来香”的臭豆腐，不但赢得伟人称赞，也成为万千食客的心头所好。

坡子街

2025年
农历乙巳

伍月
May

四月
十一
周四

08

09

周五
四月
十二

坡子街

坡子街距今已有 1200 多年历史，一直处于长沙老城核心地带。杜甫曾用“茅斋定王城郭门，药物楚老渔商市”描述其繁华。现老街保存有各级文物保护单位 27 处，为中国四大小吃名街之一。警务纪实真人秀《守护解放西》取景地坡子街派出所即位于此处。

2025年
农历乙巳

伍月
May

四月十三 周六

10

11

周日 四月十四

母亲节

开福寺

开福寺位于开福区，为禅宗临济宗杨岐派著名寺院。五代后唐天成二年（927），楚王马殷之子马希范将城北行宫的一部分施舍给沙门保宁创建开福寺。马希范继位后，在附近大兴土木，旁垒紫微山，北开碧浪湖，使开福寺一带成为著名的风景胜地。1983 年公布为省级文物保护单位。

CHANGSHA Calendar 2025

2025年
农历乙巳

伍月
May

护士节

四月十五 周一

12

13

周二 四月十六

西汉 “长沙王印”金印 长沙市文物考古研究所 藏

2008年汉长沙国王陵区出土。上方为龟纽，下方为正方体印身，印面阴刻篆文“长沙王印”四字，书法规矩方正。钮龟呈站立状，龟首上翘，龟身抬起。龟身装饰有戳印圆点纹和六角形纹。纽与身之间一圆形穿孔用来系绶带。此玺印极可能是该陵区内某代刘氏长沙王的金印。

銅官感舊圖

2025年

农历乙巳

伍月

May

四月十七 周三

14

15

周四 四月十八

〔民国〕何维朴《铜官感旧图》

咸丰四年（1854），曾国藩率湘军与太平军在铜官附近开战，因湘军大败而悲愤投水，幕僚章寿麟（1833—1887）将其救起。曾国藩去世后，章氏旧地重游，作《铜官感旧图》以志慨。章氏原画失传后，湖湘画家多有拟作，此何维朴《铜官感旧图》为其中佳品。何维朴（1842—1922），湖南道县人，何绍基之孙，以山水画著称。

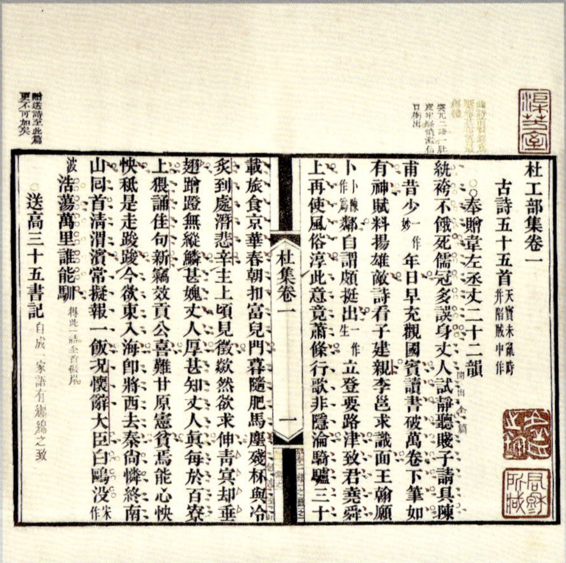

杜工部集卷一

古詩五十五首 天寶未亂時并陷賊中作

○奉贈韋左丞丈二十二韻 開出全篇

紈袴不餓死儒冠多誤身丈人試靜聽賤子請具陳甫昔少妙一作年日早充觀國賓讀書破萬卷下筆如有神賦料揚雄敵詩看子建親李邕求識面王翰願卜卜一作爲鄰自謂頗挺出生一作立登要路津致君堯舜上再使風俗淳此意竟蕭條行歌非隱淪騎驢三十載旅食京華春朝扣富兒門暮隨肥馬塵殘杯與冷炙到處潛悲辛主上頃見徵欻然欲求伸青冥却垂翅蹭蹬無縱鱗甚媿丈人厚甚知丈人眞每於百寮上猥誦佳句新竊效貢公喜難甘原憲貧焉能心怏怏秖是走踆踆今欲東入海即將西去秦尚憐終南山回首清渭濱常擬報一飯況懷辭大臣白鷗沒宋作波浩蕩萬里誰能馴 得此一語全首發揚

附送詩至此篇更不可加矣

○送高三十五書記 自成一家語有纏綿之致

2025年
农历乙巳

伍月
May

四月十九 周五

16

17

周六 四月二十

《杜工部集》清六色套印本 长沙市图书馆 藏

《杜工部集》是唐代诗人杜甫的诗文集，现存诗1400余首，其中50余首为其寓居长沙时所作，反映了唐时长沙的风土人情。长沙市图书馆藏《杜工部集》为王世祯等五家评本，其正文为墨色，五家评注以紫、蓝、朱、绿、黄五色套印，全书色泽如新，规格精整，版面雅致，观之悦目。

2025年
农历乙巳

伍月
May

国际博物馆日

四月
廿一

周日

18

19

周一

四月
廿二

元 双龙戏珠霞帔金坠 **长沙博物馆 藏**

1984年天心区火把山元墓出土。金坠是古代女性服饰霞帔上的一种装饰品。此坠呈悬胆型，边缘用宝珠及锥点缠枝花纹装饰，主纹为透雕双龙戏珠图案，整器系用金片锤揲镂雕，竖刻加工后嵌合而成。

2025年
农历乙巳

伍月
May

四月
廿三
周二

20

21

周三
四月
廿四

小满

战国 楚木衡铜环权 中国国家博物馆 藏

1954年岳麓区左家公山战国楚墓出土，是当时楚国使用的衡器，包括一个木衡杆、两个青铜盘、九个大小不一的环形青铜权。其衡杆上无刻线，中心有提钮孔，两端有系挂青铜盘的孔，与现代天平的形制非常接近。

漢 張仲景述　晉 王叔和撰次　宋 聊攝成無己註解

辨脈法第一

問曰：脈有陰陽者，何謂也？答曰：凡脈大浮數動滑，此名陽也；脈沉濇弱弦微，此名陰也。凡陰病見陽脈者生，陽病見陰脈者死。

內經曰：微妙在脈，不可不察，察之有紀，從陰陽始，始之有經，從五行生。茲首論脈之陰陽者，以脈從陰陽始故也。陽脈有五，陰脈有五，以脈從五行生故也。陽道常饒，大浮數動滑五者，比之平脈也，有餘，故謂之陽。陰道常乏，沉濇弱弦微五者，比之平脈也，不及，故謂之陰。傷寒之為病，邪在表則見陽脈，邪在裏則見陰脈。陰病見陽脈而主生者，則邪氣自裏之表，欲汗而解也。如厥陰中風，脈微浮為欲愈，不浮為未愈者是也。陽病見陰脈而主死者，則邪氣自表入裏，正虛邪勝，如譫言妄語，脈沉細者死。金匱要略曰：諸病在外者可治，入裏者即死，此之謂也。

問曰：脈有陽結陰結者，何以別之？答曰：其脈浮而數，能食，不大便者，此為實，名曰陽結也，期十七日當劇。其脈沉而遲，不能食，身體重，大便反鞕，名曰陰結也，

2025年
农历乙巳

伍月
May

四月廿五 周四

22

23

周五 四月廿六

《伤寒论注解》元刻本 **中国国家图书馆 藏**

张仲景（约150—约219），名机，字仲景，南阳（今河南邓州）人。建安七年（202）任长沙太守，清乾隆《长沙府志》载："时长沙大疫流行，治法杂出，公（张仲景）为作《伤寒论》《金匮方》行世，全活无数。"张仲景为中国历史上第一位"坐堂医"，后人尊称"医圣"。《伤寒论注解》由张仲景撰著，晋王叔和编次，金成无己注解，为中国第一部确立辨证论治法则的医学专著。

2025年
农历乙巳

伍月
May

四月廿七 周六

24

25

周日 四月廿八

西汉 云鸟纹漆盘 长沙简牍博物馆 藏

1993年望城坡西汉渔阳王后墓出土。盘由整木制作而成，外髹黑漆，内髹朱漆。盘心处朱绘鸟头纹和云气纹，口沿及内壁饰水波纹、点纹和弦纹，展现出汉代高超的髹漆工艺。

何叔衡同志故居
胡耀邦题

四月廿九 周一

26

27

周二 五月初一

何叔衡故居

何叔衡（1876—1935），中国共产党创始人之一，毕业于湖南第一师范，是新民学会年纪最大的会员、中共“一大”年龄最大的代表。1935年，在长汀突围战斗中为掩护战友壮烈牺牲。其故居位于宁乡市沙田乡，始建于清乾隆五十年（1785），今为全国重点文物保护单位。

CHANGSHA Calendar 2025

五月初二 周三

28

29

周四 五月初三

〔民国〕沈翰《麓山精舍图》 长沙博物馆 藏

沈翰（1842—1913），字咏荪，号醉白，浙江绍兴人，清同治七年（1868）候补湖南通判。沈氏居长沙卖画授徒四十余年，弟子众多，皆为湖湘绘画名家。题跋：“麓山精舍图。壬子秋日写应叔章仁兄大雅鉴正。咏荪沈翰拟董巨法。”

2025年
农历乙巳

伍月
May

五月初四 周五

30

31

周六 五月初五

端午

千龙湖生态旅游度假区

千龙湖生态旅游度假区位于望城区，为国家 AAAA 级旅游景区和国家级湿地公园。度假区总占地面积 12000 亩，水域面积达 2800 亩，碧波荡漾、鸟飞鱼跃，是我国八大龙舟标准赛区之一，每年举办龙舟赛、帐篷节、风筝节等特色节会。

梅溪湖

陆月

June

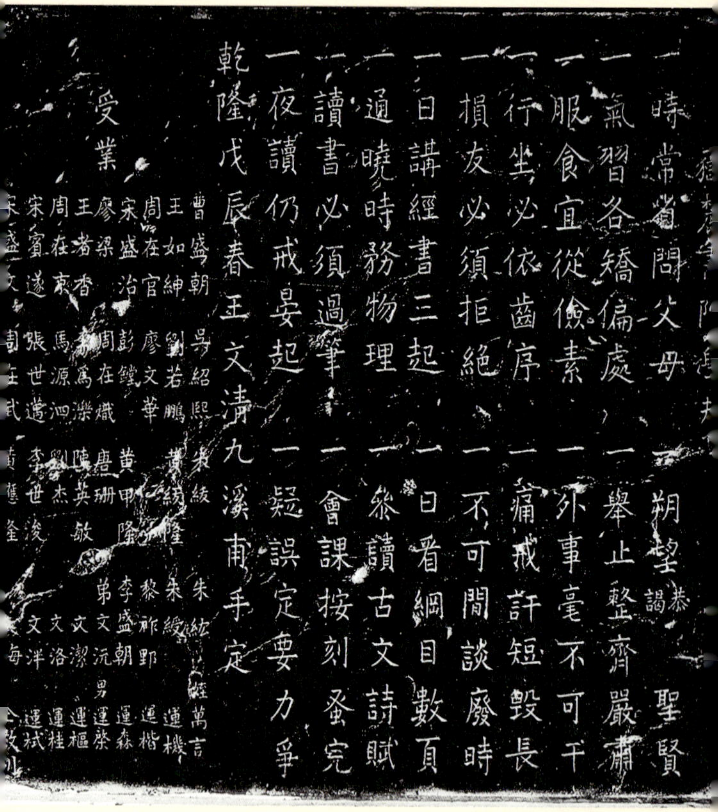
一時常省問父母 一朔望恭謁 一聖賢
一氣習各矯偏處 一舉止整齊嚴肅
一服食宜從儉素 一外事毫不可干
一行坐必依齒序 一痛戒訐短毀長
一損友必須拒絕 一不可閒談廢時
一日講經書三起 一日看綱目數頁
一通曉時務物理 一參讀古文詩賦
一讀書必須過筆 一會課按刻蚤完
一夜讀仍戒晏起 一疑誤定要力爭
乾隆戊辰春王文清九溪甫手定
受業

2025年
农历乙巳

陆月
June

儿童节

五月初六 周日

01

02

周一 五月初七

岳麓书院学规碑

王文清(1688—1779),宁乡人,雍正二年(1724)进士及第。清乾隆十三年(1748)春任岳麓书院山长,手订学规18条,从“育人”和“治学”两个方面入手,对书院学生提出切实可行的做人与为学的要求。该碑是清代书院教育水平的集中体现,曾在岳麓书院求学的魏源、曾国藩、谭嗣同等都对其推崇备至。

2025年
农历乙巳

陆月
June

五月初八 周二

03

04

周三 五月初九

商 皿方罍 **湖南博物院 藏**

1919年桃源县漆河镇出土，因器盖铭文“皿而全作父己尊彝”而得名。罍通高88厘米，口长26.1厘米，口宽21.6厘米，整器集立雕、浮雕、线雕于一身，被誉为“方罍之王”，是中国青铜文化的重要代表。器身曾流失海外近百年，2014年洽购回国，得以盖身合一，完罍归湘。

2025年

农历乙巳

陆月

June

芒种

五月初十 周四

05

06

周五 五月十一

西汉　双面透雕龙凤纹玉环　　**长沙博物馆 藏**

1975 年西汉吴氏长沙国王后曹娭墓出土。玉环双面透雕盘缠龙凤，环周饰以流动云纹，龙凤身躯上随形雕琢阴刻弧形线条，与云气纹呼应，有龙飞凤舞、云卷云舒之感。

2025年
农历乙巳

陆月
June

五月
十二
周六

07

08

周日
五月
十三

清　“状元及第”铭人物纹银锁佩　　**长沙博物馆 藏**

该锁以寓意富贵吉祥的牡丹花和象征功成名就的“状元及第”为题材，用以祈祝学子鹏程万里，拥有美好前程，反映出湖湘先人的幸福观和人生追求。

業紹南塘
支分西嶺

2025年
农历乙巳

陆月
June

五月
十四

周一

09

10

周二

五月
十五

胡耀邦故居

胡耀邦（1915—1989），浏阳人，中国无产阶级革命家、政治家，中国共产党领导人，被誉为“说真话人民知音，办实事一代伟人”。故居位于浏阳市中和镇，始建于清朝咸丰年间，坐北朝南，土木结构，小青瓦屋面，为典型的浏阳民居建筑风格。今为全国重点文物保护单位。

CHANGSHA Calendar 2025

2025年
农历乙巳

陆月
June

五月十六 周三

11

12

周四 五月十七

西汉 帛书《五星占》 **湖南博物院 藏**

1973年长沙马王堆3号汉墓出土。汉代，以观察天象变化来占测吉凶、趋利避害的占星术十分流行。《五星占》便是以五星行度的异常和云气星彗的变化来占卜吉凶的术数类帛书。它用整幅丝帛抄写而成，约8000字，前半部为《五星占》占文，后半部为五星行度表，是世界上现存最早的天文著作之一。

船山学社
湖南省省级文物保护单位
湖南自修大学旧址
湖南自修大学旧址

2025年
农历乙巳

陆月
June

五月十八 周五

13

14

周六 五月十九

船山学社旧址

船山学社旧址位于开福区望麓园，原是曾国藩祠一隅。郭嵩焘曾在此创办思贤讲舍，专辟一室祀奉船山雕像。1914 年，刘人熙于此办船山学社，发行《船山学报》，阐扬船山思想。1921 年，毛泽东与何叔衡、易礼容利用学社社址开办“湖南自修大学”，为中国共产党最早创办的一所干部学校，李达、李维汉、夏明翰等曾在此学习任教。1950 年和 1956 年，毛泽东两次为“船山学社”题词。

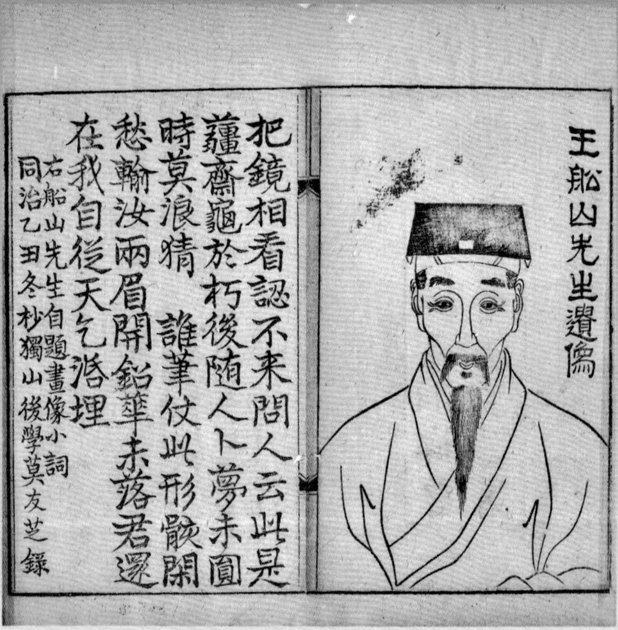
王船山先生遺像

把鏡相看認不來問人云此是薑齋龜於朽後隨人卜夢未圓時莫浪猜　誰筆仗此形骸閑愁輸汝兩眉開鉛華未落君還在我自從天乞活埋

右船山先生自題畫像小詞

同治乙丑冬杪獨山後學莫友芝録

2025年
农历乙巳

陆月
June

六经责我开生面，七尺从天乞活埋。

〔明〕王夫之《自题画像中堂联》

父亲节

五月二十 周日

15

16

周一 五月廿一

《船山遗书》清刻本 长沙市图书馆 藏

王夫之（1619—1692），字而农，湖南衡阳人。明亡后披发入山，授徒著书凡四十余年，世称船山先生。同治二年（1863），曾国藩、曾国荃兄弟汇刊《船山遗书》，是为金陵刻本。王夫之的思想是中国古典哲学唯物主义的最高峰，毛泽东评价他："西方有一个黑格尔，东方有一个王船山。"

2025年

农历乙巳

陆月

June

江山兴废意茫然，付与千秋一浪传。

不见年年湘水岸，只今惟有瓦窑烟。

〔清〕王先谦《铜官渚》

五月廿二 周二

17

18

周三 五月廿三

铜官窑陶瓷烧制技艺（国家级非遗项目）

长沙窑又称铜官窑，为世界釉下多彩陶瓷发源地，与浙江越窑、河北邢窑并称唐代三大出口瓷窑，以“黑石号”为代表的长沙窑外贸瓷印证了海上丝绸之路的盛况。长沙窑独特的模印贴花、青釉褐斑特色鲜明，器物题诗开创了瓷器装饰的先河，内容多不见于典籍，被称作“唐诗的弃儿”。

CHANGSHA Calendar 2025

2025年

农历乙巳

陆月

June

五月廿四 周四

19

20

周五 五月廿五

唐 长沙窑褐釉双鱼背水瓷壶 **长沙博物馆 藏**

1978年望城区书堂乡出土。双鱼背水瓷壶，亦称双鱼榼，是一种造型独特的轻便酒壶。白居易《家园三绝》有“何如家酝双鱼榼，雪夜花时长在前”的记载。此瓷壶线条匀称，玲珑别致。榼的两侧有直穿式的纽，可以系绳，携带方便。

2025年
农历乙巳

陆月
June

夏至

五月廿六 周六

21

22

周日 五月廿七

橘子洲大桥

橘子洲大桥（湘江一桥）是长沙第一座跨江大桥，是全国规模最大的双曲拱桥。光绪二年（1876），中国首位驻外使节郭嵩焘最早提议在湘江上修建大桥。1964年，黄学诗等6名省政协委员联名递交《尽可能提前修建湘江大桥》的提案。1971年，湘江大桥正式开工修建。据统计，全市有80多万人次参与建设，依靠肩挑手扛，仅用一年时间便实现大桥正式通车。

2025年
农历乙巳

陆月
June

五月
廿八
周一

23

24

周二
五月
廿九

〔宋〕易元吉《枇杷猿戏图》 **台北故宫博物院 藏**

易元吉（生卒年不详），字庆之，长沙人，北宋著名画家，以善画猿猴而名闻天下，被誉为“古代画猿第一人”。其于长沙寓所开凿池沼，间以乱石丛篁、梅菊葭苇并驯养水禽山兽，以观其动静游息之态，故所画动植物富有生趣，画上多自书“长沙助教易元吉画”。此图中二猿对看，情趣顿生，为宋画中大幅无款的精品。

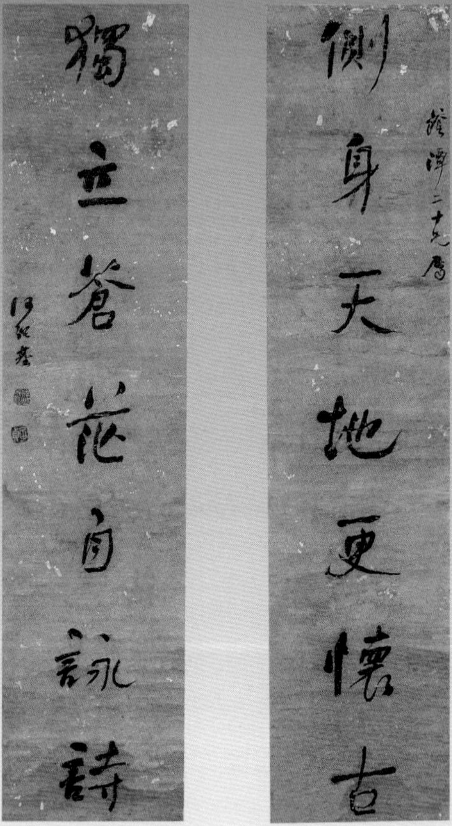
側身天地更懷古
獨立蒼茫自詠詩

2025年
农历乙巳

陆月
June

六月初一 周三

25

26

周四 六月初二

〔清〕何绍基行书“侧身·独立”七言联 长沙博物馆 藏

何绍基（1799—1873），道县人。晚清诗人，画家，被誉为“清代书法第一人”。对联集杜甫诗句而成，意境气魄宏大，展现出“勇于任事、敢于担当、独立苍茫、舍我其谁”的英雄之气。以中锋行笔，将两周铭文的斑驳感运用于行书创作之中，圆浑饱满，迟涩颤行，一波三折，有力透纸背的效果。

自卑亭

2025年
农历乙巳

陆月
June

毋悲道远，毋泣路歧。循循下学，入圣之基。

［清］李拔《自卑亭铭》

六月初三 周五

27

28

周六 六月初四

自卑亭

自卑亭位于岳麓书院大门前的绿荫丛中。亭名源出《礼记·中庸》：“君子之道，辟如行远必自迩，辟如登高必自卑。”始建于清康熙年间，现存自卑亭为清咸丰十一年（1861）所建，《自卑亭记》《重修自卑亭记》碑石仍存。今为湖南大学“新八景”之一。

2025年
农历乙巳

陆月
June

六月初五 周日

29

30

周一 六月初六

长沙火车站

长沙火车站位于芙蓉区。1977 年建成通车，是当时国内第二大火车站，建筑风格具有典型的时代印记。浑厚的钟声伴着《东方红》乐曲讲述近半个世纪的长沙故事，钟楼加火炬的设计成为长沙写入记忆的经典地标。2009 年，长沙火车站获“中国建筑学会建国 60 周年建筑创作大奖”。

浏阳河

柒月

July

2025年
农历乙巳

柒月
July

建党节

六月初七 周二

01

02

周三 六月初八

中共湘区委员会旧址

中共湘区委员会旧址暨毛泽东杨开慧故居（清水塘22号）位于中国共产党长沙历史馆内。中共一大后，毛泽东、何叔衡等于1921年10月10日创建中国共产党最早的省级支部——中共湖南支部，次年5月成立中共湘区执行委员会。这里既是机关所在地，也是毛泽东与杨开慧共同居住时间最长的地方。今为全国重点文物保护单位。

碧海鯨魚蘭茗翡翠
慎五姻世兄鑒
青春鸚鵡楊柳樓臺
王闓運

2025年
农历乙巳

柒月
July

六月初九 周四

03

04

周五 六月初十

〔清〕王闿运楷书“碧海·青春”八言联 湖南博物院 藏

王闿运（1833—1916），字壬秋，又字壬父，号湘绮，湘潭人，湖湘诗派领袖。曾主讲成都尊经书院，历任长沙思贤讲舍、衡州船山书院山长，民国初任国史馆馆长，有《湘绮楼诗集》等传世。其书“虽为文章所掩，然极堪宝玩也”。《民国书法史》中将其与樊增祥、叶昌炽、齐白石等人并称为“碑帖交融”的书家。

白沙古井
古井媲潇湘八景看游人之所共适都在廉泉让水间
高天聚风月一园是造物之无尽藏好为寄兴怡神地

2025年

农历乙巳

柒月

July

六月十一 周六

05

06

周日 六月十二

浪说人间第二泉，髯苏空费小团圆。

白沙湘井清无上，安得诗人一品煎。

［清］吴建三《白沙井水》

白沙古井

白沙古井位于天心区天心阁下白沙街东隅，明清均有石刻记志，明崇祯十二年（1639）刊印的《长沙府志》记载：“白沙井，（善化）县东南二里，井仅尺许，清香甘美。”被誉为“长沙第一泉”。清乾隆帝在《玉泉山天下第一泉记》中将白沙井御定为全国七大名泉之一。毛泽东“才饮长沙水，又食武昌鱼”诗句中的“长沙水”指的就是白沙古井之水。

2025年
农历乙巳

柒月
July

小暑

六月十三
周一
07

08
周二
六月十四

八路军驻湘通讯处旧址

八路军驻湘通讯处旧址位于开福区蔡锷中路徐祠巷。1937年，中共中央派徐特立、王凌波到长沙建立八路军驻湘通讯处，开展抗日民族统一战线工作。旧址在1938年“文夕大火”中烧毁，后复建主体建筑，今为湖南省文物保护单位。

2025年

农历乙巳

柒月

July

六月十五 周三

09

10

周四 六月十六

元 “寓居长沙”故事纹铜镜 **湖南博物院 藏**

铜镜由元代中后期寄居长沙的江西籍铸镜师何德正所造，是贺寿铜镜的典型代表，是元镜中的珍品之作。铜镜铭仙人、鹿、鹤等图案，图案间有铭文三处：鹿前“洪都章镇何德正造”，门中鹤上“至顺辛未志”，松下翁前“寓居长沙”。

左公亭

2025年
农历乙巳

柒月
July

身无半亩，心忧天下。读破万卷，神交古人。

〔清〕左宗棠

六月十七
周五

11

12

周六
六月十八

左公亭

左公亭位于开福区西园北里文襄园内。文襄园为纪念湘军将领左宗棠而在左公祠堂旧址上重修，因其谥号“文襄”而得名。园内保有左公祠堂百年假山原物，祠门楹联“虎帐南开，旌旗十万吞胡虏；春风西度，杨柳三千荫玉关”，正是左宗棠入疆平叛的写照。

第一版
中華民國八年七月十四日
星期一
湘江評論
The Shian Kian Weekly Review
創刊號
創刊宣言
澤東
西方大事述評
各國的罷工風潮
澤東

2025年
农历乙巳

柒月
July

六月十九 周日

13

14

周一 六月二十

《湘江评论》创刊号 湖南图书馆 藏

《湘江评论》是毛泽东创办并亲自主编的第一份正式刊物，自1919年7月14日创刊号问世至8月被查封，共出版发行四期与临时增刊一期。当时年仅26岁的毛泽东在创刊宣言中指出："世界什么问题最大？吃饭问题最大。什么力量最强？民众联合的力量最强。"李大钊称其为"全国最有分量、见解最深的报刊之一"。

長沙銅官窑博物館

2025年
农历乙巳

柒月
July

六月
廿一
周二
15

16
周三
六月
廿二

铜官窑国家考古遗址公园

铜官窑国家考古遗址公园位于望城区铜官街道彩陶源村，园内有长沙铜官窑博物馆。长沙铜官窑兴起于公元8世纪中后期，是世界釉下彩瓷的发源地。鼎盛时期，铜官窑瓷器不仅遍布亚洲，还远销非洲，出口至29个国家和地区，开辟了通往南亚到北非的“海上陶瓷之路”。园内谭家坡一号龙窑是世界上保存最完好的唐代龙窑。铜官窑遗址今为全国重点文物保护单位。

CHANGSHA Calendar 2025

2025年
农历乙巳

柒月
July

六月
廿三
周四

17

18

周五
六月
廿四

清　醴陵窑素三彩山水纹瓷瓶　　长沙博物馆 藏

瓷瓶以黑、赭、绿三彩，描绘了一幅绝美的山水图画。其画面构图饱满精巧，山峰气势磅礴，江水绿树恬静幽雅，配合瓶体端庄秀美的造型和细腻洁白的底色，堪称瓷器中的大气精湛之作。

文津

2025年
农历乙巳

柒月
July

六月 廿五 周六

19

20

周日 六月 廿六

初伏

朱张渡

朱张渡东岸渡口位于天心区湘江之畔，渡名“文津”，西岸渡口位于岳麓区牌楼口，渡名“道岸”。宋乾道三年（1167），理学大师朱熹至潭州（今长沙）造访张栻，二人在岳麓书院与城南书院轮流会讲。岳麓书院与城南书院一江之隔，朱张二人常同舟往返于东西岸“文津”“道岸”两渡口，“朱张渡”由此得名。

2025年
农历乙巳

柒月
July

六月
廿七
周一

21

22

周二
六月
廿八

大暑

夏布织造技艺（省级非遗项目）

浏阳夏布以苎麻为原材料，经手工纺织而成。据《浏阳县志》记载，浏阳夏布以织工精巧、质地特别细腻称雄于世，明代即被列为朝廷贡品。明末清初，浏阳夏布畅销各埠，年可销万筒。谭嗣同在《浏阳麻利述》中称浏阳夏布“战天下之商务未尝遇敌”。其与花炮、豆豉齐名，有“浏阳三特”之称。

2025年
农历乙巳

柒月
July

六月廿九　周三

23

24

周四　六月三十

西汉　曲裾素纱单衣　　**湖南博物院　藏**

1972年马王堆1号汉墓出土。单衣交领右衽，衣料为轻薄且没有染色的平纹方孔丝织物素纱，袖口和衣领用织锦做装饰。薄如蝉翼、轻若烟雾，极具华丽飘逸之感，彰显汉代贵族女性对高级面料和精致工艺的追求与独特的审美意趣。

湖南大學

2025年
农历乙巳

柒月
July

闰六月
初一

周五

25

26

周六

闰六月
初二

湖南大学早期建筑群

湖南大学早期建筑群位于岳麓区湖南大学校园内，是湖南大学早期（1926—1959）建成的校舍建筑，共有九栋。其建筑风格与中国近现代建筑风格的发展演变同步，体现了从古代书院走向现代大学的历史过程。今为全国重点文物保护单位。

2025年
农历乙巳

柒月
July

闰六月
初三
周日

27

28

周一
闰六月
初四

梅溪湖国际文化艺术中心

梅溪湖国际文化艺术中心位于岳麓区，由荣获世界建筑界最高奖——普利兹克建筑奖的扎哈·哈迪德女士领衔设计，包含一个1800座大剧院、一个500座多功能剧场和一个文化艺术馆，三个单体建筑如同飘落在梅溪湖畔的三朵芙蓉花。剧院以歌舞剧、音乐剧、话剧、交响乐等高雅艺术表演为主，是湖南省规模最大、功能最全、全国领先、国际一流的文化艺术中心。

CHANGSHA Calendar 2025

2025年

农历乙巳

柒月

July

闰六月 初五

周二

29

30

周三

闰六月 初六

中伏

西汉　帛书《老子》　　**湖南博物院　藏**

1973年出土于长沙马王堆3号汉墓。帛书总长317厘米，宽25.2厘米，每行约30字，每行字宽7~8厘米，出土时丝帛已有破损，文字多有残缺，与卷后四篇佚书《黄帝四经》一起写在半幅的帛上，计13000多字。该帛书是迄今存世最早的《老子》手抄本，对了解、校勘传世诸本《老子》具有重要价值。

CHANGSHA Calendar 2025

2025年
农历乙巳

柒月
July

闰六月
初七

周四

31

西汉 “长沙王后土豖□”铜博山炉 **湖南博物院 藏**

炉为豆形，浅盘。器盖上有回首凤鸟形捉手，下饰柿蒂纹，外一周饰斜短线纹。盖隆起，饰镂空龙纹，子母口，器身圆腹，短柄，喇叭形圈足与浅盘相连，圈足上饰山峦纹，腹底近柄处饰叶纹和席纹。器身近口沿处有铭文“长沙王后土豖□”，应为某代长沙王后墓所出。

西湖公园

捌月

August

2025年

农历乙巳

捌月

August

闰六月
初八

周五

01

建军节

寻淮洲故居

寻淮洲（1912—1934），16岁加入中国共产党，先后参加五次反“围剿”作战、两次入闽作战。21岁成为当时红军最年轻军团长，被称为“未上过军校的军事天才”。毛泽东《渔家傲·反第一次大“围剿”》中所写“前头捉了张辉瓒”的人正是寻淮洲。2009年，寻淮洲被评为100位为新中国成立作出突出贡献的英雄模范人物之一，其故居位于浏阳市社港镇，今为省级文物保护单位。

2025年
农历乙巳

捌月
August

闰六月
初九
周六

02

03

周日
闰六月
初十

黑麋峰国家森林公园

黑麋峰国家森林公园位于望城区，为国家 AAAA 级旅游景区，是长沙近郊海拔最高、面积最大、植被最丰富的国家级森林公园。此处留下了怀素留墨、刘长卿访胜、明正德皇帝游历等历史佳话。黑麋峰为长沙佛教四大名山之一，峰顶开阔处有黑麋古刹。

2025年
农历乙巳

捌月
August

大辱安能忍，兹仇永勿忘。廿年吴可沼，九世纪终亡。

程潜《抗战四十二韵》

闰六月十一 周一

04

05

周二 闰六月十二

湖南和平解放史事陈列馆（程潜公馆）

湖南和平解放史事陈列馆（程潜公馆）位于芙蓉区白果园，始建于20世纪40年代，是著名爱国民主人士、湖南和平起义将领程潜将军曾经的居所。1949年8月4日，程潜、陈明仁在长沙举行起义，8月5日长沙和平解放。馆内现陈列有湖南和平起义历史资料和程潜生平事迹。

2025年

农历乙巳

捌月

August

闰六月十三 周三

06

07

周四 闰六月十四

立秋

菊花石雕（国家级非遗项目）

菊花石是一种以燧石结构为核心的碳酸钙集合体，在地下沉睡2.5亿年，为奇石收藏的珍品。菊花石雕融匠心、巧工、良材三美，凸显民间艺术创造力，深得文士青睐。谭嗣同将书斋命名为“石菊影庐”，并为自用菊花石砚作铭文：“花气微醒，秋心零落。”

2025年
农历乙巳

捌月
August

闰六月
十五
周五

08

09

周六
闰六月
十六

末伏

道林古镇

道林古镇位于宁乡东南部，古为商贾重镇，人文底蕴深厚，已有1100多年历史。靳江河穿镇而过，沿岸阡陌纵横，植被丰茂，麒麟山、狮子山分立两岸。景区通过夜间实景沉浸式大剧、室内小微剧、道路巡游、水上演出等多种形式演绎湖南地方传统文化故事。

楠木廳
文章華國
清白傳家

2025年

农历乙巳

捌月

August

闰六月

十七

周日

10

11

周一

闰六月

十八

楠木厅 6 号

楠木厅 6 号位于开福区潮宗街，是韩国国父金九与大韩民国临时政府活动旧址。1937 年上海沦陷后，金九率大韩民国临时政府成员迁来此处。1938 年 5 月 7 日，金九在楠木厅开会时遭受枪击，幸被长沙人民及时送医救治。楠木厅 6 号是中韩两国人民传统友谊的见证。

2025年
农历乙巳

捌月
August

闰六月
十九
周二

12

13

周三
闰六月
二十

商　虎食人卣　　**日本住友泉屋博古馆　藏**

盛酒器，宁乡沩山乡出土，后流落国外。造型取踞虎与人相抱的姿态，立意奇特。纹饰铸工之精美令人赞叹，虎人相拥造型颇富神秘色彩，寓意为何众说纷纭。法国赛努奇博物馆亦收藏有形制大体相同的虎食人卣，均属中国青铜时代陶范铸造技术达于巅峰的代表作品。

2025年
农历乙巳

捌月
August

闰六月
廿一
周四

14

15

周五
闰六月
廿二

西周 “楚公□秉”铜戈 **湖南博物院 藏**

戈为兵器，早在商代已经出现，是商周时期兵器中的重要类型。此戈为三角形援，援中近栏部有圆孔，栏部上下各设一穿。戈身饰黑色椭圆形斑纹，大小不一。据研究，斑纹可能为不同金属成分所致。内端铸有“楚公□秉戈”五字铭文。此戈乃目前可见时代最早的楚国有铭铜戈，对研究楚国早期兵器及铭文具有十分重要的价值。

2025年
农历乙巳

捌月
August

闰六月 廿三 周六

16

17

周日 闰六月 廿四

后湖设计创意园

后湖设计创意园位于岳麓区，占地面积1124亩，集名山、名水、名洲、名校、名家等独特优势于一体。围绕“建筑艺术、文化创意、文旅融合”等主题，通过综合整治和有机更新，实现“民生之湖、生态之湖、产业之湖、艺术之湖”的精彩蝶变。园区引进各类文化企业300余家，2024年荣获“国家文化产业示范基地”称号。

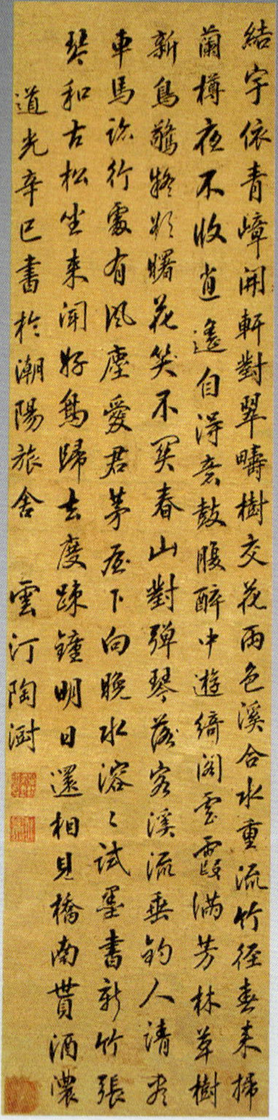
結宇依青嶂闲軒對翠疇樹交花兩色溪合水重流竹徑春來掃
蘭樽夜不收逍遙自得意鼓腹醉中遊綺閣雲霞滿芳林草樹
新鳥飛聲野曙花笑不知春山對彈琴客溪流垂釣人請看
車馬路行處有風塵愛君茅屋下向晚水溶溶試墨書新竹張
琴和古松坐來闻好鳥歸去度踈鐘明日還相見橋南貰酒醲
道光辛巳書於潮陽旅舍 雲汀陶澍

2025年
农历乙巳

捌月
August

闰六月
廿五
周一

18

19

周二
闰六月
廿六

出伏

〔清〕陶澍行书立轴 湖南博物院 藏

陶澍（1779—1839），字子霖，号云汀，湖南安化人，清嘉庆、道光朝重臣，学者，经世派代表人物。其书画兼善，著文赋诗，有《印心石屋诗钞》《陶文毅公全集》等传世。此作用笔取法“二王”，潇洒飘逸，节奏明快。款识：道光辛巳书于潮阳旅舍，云汀陶澍。

道光壬寅夏子遊
華山海珊大令贈
硯〻外方內圜質堅
性潤易生墨而不
損毫信珍賞之不
謬也

2025年
农历乙巳

捌月
August

闰六月
廿七
周三

20

21

周四
闰六月
廿八

清　林则徐用洮河砚　　**长沙博物馆 藏**

砚呈艾叶灰绿色，石纹晶莹如丝，石质温润光洁，是材质罕见的洮河砚极品。整砚造型外方内圆，器型典雅精致，配有髹深褐色漆的天地盒盖，方便随身携带。砚台底部隶书题刻“道光壬寅夏予游华山，海珊大令赠砚……”，左下角钤朱文“林印”。

2025年
农历乙巳

捌月
August

闰六月廿九 周五

22

23

周六 七月初一

处暑

长沙棕叶编（省级非遗项目）

长沙棕叶编是以棕榈树叶为主要材料，用结体穿插扎系的方法编制而成的手工艺产品。匠人指尖轻舞，棕叶翻飞间，万物栩栩如生。动物灵动，花鸟传神，每一件作品皆是自然与艺术的和谐对话。棕编之巧与湘绣之美、菊花石刻之奇，并称为“长沙三绝”。

時務
時務學堂故址
二十六年前講學處民國壬戌八月重遊勒記 梁啓超

2025年
农历乙巳

捌月
August

揽湖海英雄，力维时局。勖沅湘子弟，共赞中兴。

〔清〕谭嗣同《题时务学堂》

七月初二 周日

24

25

周一 七月初三

时务学堂故址

时务学堂故址位于开福区三贵街，是清末戊戌变法运动期间维新派建立的最早的新式学堂之一。“百日维新”前，梁启超曾任教于此。1922年，梁启超访时务学堂故址，寻得其二十六年前曾住之室，书“时务学堂故址”数字刊于故址。梁氏题字后由乡贤陈云章辗转购得并捐赠湖南大学岳麓书院。

2025年
农历乙巳

捌月
August

七月初四 周二

26

27

周三 七月初五

西汉 “渔阳”凤纹漆耳杯 **长沙简牍博物馆 藏**

1993年望城坡西汉渔阳王后墓出土。耳杯是古代的酒具，在战国时出现，汉代盛行，一直沿用到南北朝时期。此漆耳杯外髹黑漆，内髹红漆，耳部朱绘云气纹、几何纹，杯身主题纹饰为变形凤鸟纹与云气纹，外底锥刻“渔阳”二字。

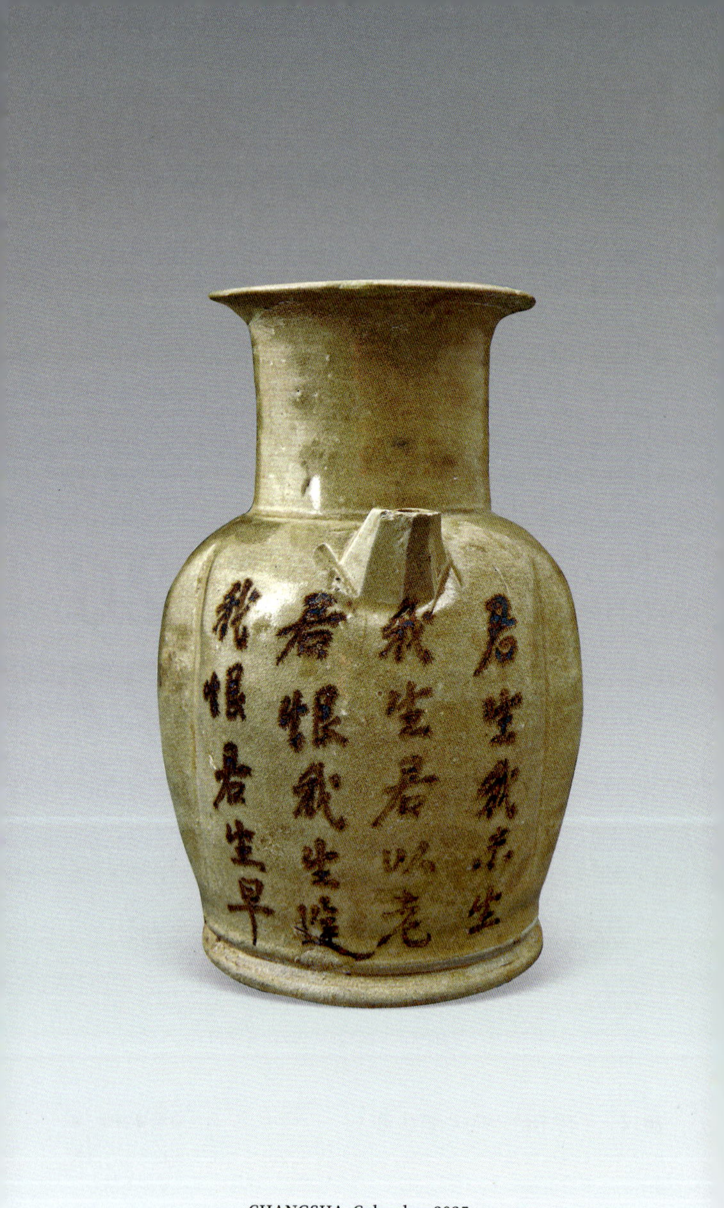

CHANGSHA Calendar 2025

2025年

农历乙巳

捌月

August

七月初六 周四

28

29

周五 七月初七

七夕

唐 长沙窑青釉褐彩“君生我未生”诗文壶 **长沙博物馆 藏**

1978 年望城铜官窑窑址出土。该壶的功用为酒壶，同时也作注茶汤的茗瓶。壶上褐彩书：“君生我未生，我生君以（已）老。君恨我生迟，我恨君生早。”因语言清新自然，情感质朴动人，被认为是中国古代“最美情诗”之一。

裕湘紡廠

2025年
农历乙巳

捌月
August

七月初八 周六

30

31

周日 七月初九

裕湘纱厂

裕湘纱厂位于岳麓区银盆岭湘江河畔。始建于1912年，初名经华纱厂，1913年更名为湖南第一纱厂，1949年湖南和平解放后更名为裕湘纱厂，为湖南创办最早的大型机器纺纱厂和长沙最大的民国时期工业遗址，入选第一批中国工业遗产保护名录。其凯旋门式门楼曾号称全国纺织业“三大门”之一。2009年，重修裕湘纱厂老门楼及部分建筑，中西合璧的淡黄色门楼、厂房现已成为湘江西岸的一处热门景观。

湖南博物院

玖月

September

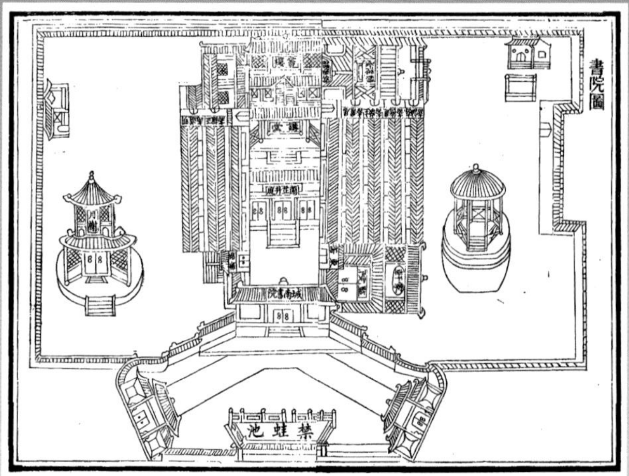

書院圖
城南書院
禁蛙池

2025年
农历乙巳

玖月
September

东风吹得绿成阴，积雨初收柳絮轻。
记取湘中最佳处，橘花开时香满城。
［宋］张栻《城南即事》

七月初十 周一

01

02

周二 七月十一

城南书院

城南书院原址位于天心区妙高峰。始建于宋绍兴三十一年（1161）。张栻与朱熹曾讲学于此，并时常渡江至岳麓书院，故妙高峰下有“朱张渡”。清道光年间得御笔亲书“丽泽风长”匾额。贺熙龄、何绍基、郭嵩焘等先后讲学于此，曾国藩、左宗棠、杨昌济、黄兴等曾在此藏修或就读。光绪二十九年（1903）改湖南师范馆，辛亥革命后更名湖南第一师范。

2025年
农历乙巳

玖月
September

抗战胜利
纪念日

七月十二 周三

03

04

周四 七月十三

崇烈门

崇烈门为天心阁景区内一座牌楼，始建于1946年，是为纪念长沙三次抗日大会战中阵亡的将士而修建。牌楼采用全麻石打造，为四柱三门式牌坊，四柱上立有石狮。崇烈门居中对联为“气吞胡羯，勇卫山河”，侧柱对联为“犯难而忘其死，所欲有甚于生”，表达了对抗日阵亡将士的深切哀悼和崇高敬意。

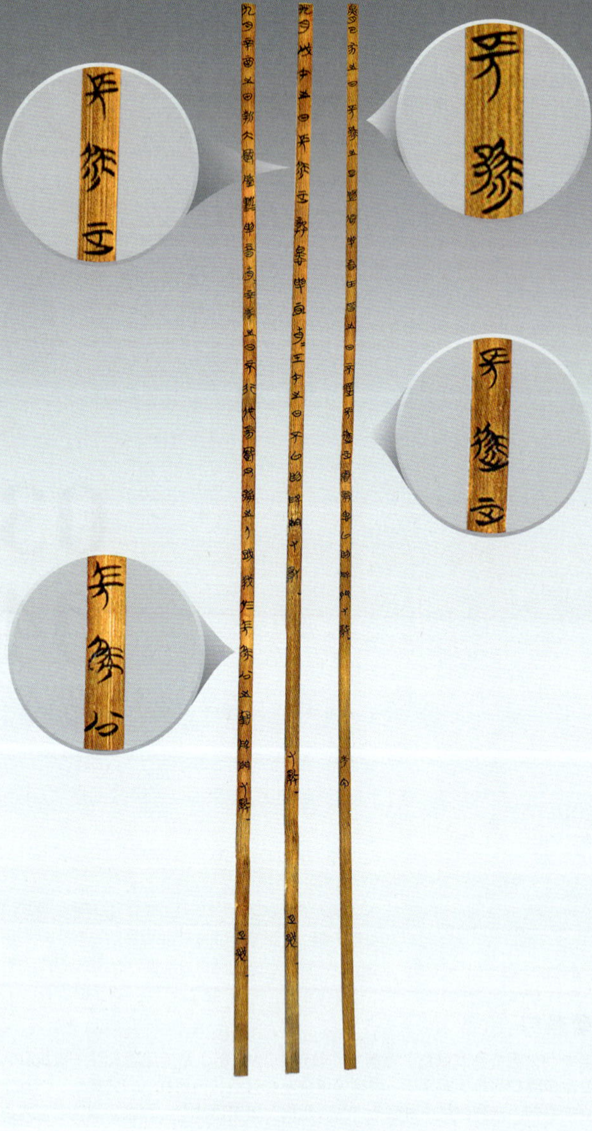

CHANGSHA Calendar 2025

七月十四 周五

05

06

周六 七月十五

中元节

战国 包山楚简 **湖北省博物馆 藏**

1987年湖北荆门包山2号墓出土。该墓出土有字简牍200余枚，内容分为文书、卜筮祭祷记录、遣策三大类。其《受期》简中的第59、61、78号竹简简文记载了“长沙公”“长沙正”和“长沙之正”诸官，说明至迟在战国中期晚段楚国已于长沙设置县级政区单位。

2025年
农历乙巳

玖月
September

白露

七月十六 周日

07

08

周一 七月十七

隆平水稻博物馆

隆平水稻博物馆位于芙蓉区，是全球首个以水稻为主题的大型博物馆。其主体建筑俯瞰似洒落的金黄谷粒，寓意五谷丰登。馆内通过“中国水稻历史文化”“水稻的一生”“袁隆平与杂交水稻”三个主题陈列，展示中华民族深厚的稻作文化，讲述杂交水稻之父袁隆平“一粒种子改变世界”的故事。

2025年
农历乙巳

玖月
September

七月
十八
周二

09

10

周三
七月
十九

教师节

徐特立故居

徐特立（1877—1968），长沙人，中国无产阶级革命家，教育家，毛泽东最敬佩的两位老师之一。毛泽东在为其六十大寿所作贺信中写道：“你是我二十年前的先生，你现在仍然是我的先生，你将来必定还是我的先生。”其故居位于长沙县江背镇，始建于清朝末年，属典型清末南方四合院建筑。今为全国重点文物保护单位。

第一師範

2025年
农历乙巳

玖月
September

要做人民的先生，先做人民的学生。

毛泽东为第一师范题校训

七月二十 周四

11

12

周五 七月廿一

湖南第一师范学院

湖南第一师范学院位于天心区书院路，素有“千年学府、百年师范”美誉。学校前身为张栻于1161年创办的城南书院。1903年始立为湖南师范馆，举办现代师范教育。1949年更名为湖南省第一师范学校。毛泽东曾在此地求学、工作八个春秋。今为全国重点文物保护单位。

書堂胜境

2025年
农历乙巳

玖月
September

七月廿二 周六

13

14

周日 七月廿三

书堂山欧阳询文化园

书堂山欧阳询文化园位于望城区书堂山，因唐代书法家欧阳询生长于斯而被称为“楷圣故里”。园内欧阳询祖居、书堂古寺等遗迹保存较好，“太子围圩”“洗笔泉池”等书堂八景遗风尚存。书堂山上，欧阳询采用八分书体书写的“洗笔泉池”四字摩崖石刻，至今还有三字清晰可辨。

大唐故翻經大德益州多
寶寺道因法師碑文并
序　中臺司藩大夫隴
西李儼字仲思製文
奉義郎行蘭臺郎渤海
縣開國男騎都尉歐陽

2025年
农历乙巳

玖月
September

七月廿四 周一

15

16

周二 七月廿五

〔唐〕欧阳通书《道因法师碑》宋拓本 故宫博物院 藏

欧阳通（625—691），字通师，潭州临湘县（今长沙）人，欧阳询之子。工楷书，继承父法，笔锋险峻，父子合称“大小欧阳”，传世作品有《道因法师碑》《泉男生墓志》等。

2025年
农历乙巳

玖月

September

七月
廿六
周三

17

18

周四
七月
廿七

西晋　青瓷对坐奏乐俑　　湖南博物院 藏

1958 年天心区金盆岭 9 号墓出土。乐俑头戴尖顶帽，身着交领长衫，相对而坐。一俑弹琴，一俑吹箫，中间置圆盘，盘内盛放什物。二俑似在表演曲目，又似在切磋技艺。

2025年
农历乙巳

玖月
September

七月
廿八
周五

19

20

周六
六
七月
廿九

秋收起义文家市会师旧址

秋收起义文家市会师旧址位于浏阳市文家市镇，原为创办于1841年的文华书院。1927年9月19日，毛泽东率秋收起义部队会师文家市，在此召开前委会议，决定放弃攻打长沙，向敌人统治薄弱的农村进军，由此开辟了农村包围城市的正确道路。今为全国重点文物保护单位。

2025年

农历乙巳

玖月

September

七月 三十 | 周日

21

22

周一 | 八月 初一

战国 三十眼琉璃珠 **长沙博物馆 藏**

1990年芙蓉区浏城桥出土。该琉璃珠又称“蜻蜓眼”琉璃珠，“蜻蜓眼”特指战国时期用火烧制并用镶嵌工艺制作的铅钡玻璃装饰珠，因珠上叠加的圆圈颇类蜻蜓复眼而得名。该珠形体硕大，为同时期琉璃珠所罕见。

秋分

八月初二 周二

23

24

周三 八月初三

西汉 “曹嫘”系金丝白玉印 长沙博物馆 藏

1975年岳麓区西汉吴氏长沙国王后曹嫘墓出土。该枚印章为王后私印，白玉材质，印面呈正方形，二台式覆斗钮，上有鼻穿，鼻穿系以绳索状黄金丝环。印面阴刻鸟虫篆体白文“曹嫘”二字。

2025年
农历乙巳

玖月
September

八月初四　周四

25

26

周五　八月初五

宋　《鹳鸽图》团扇面　　长沙博物馆　藏

此团扇面为两宋时期花鸟画之代表作，画中秋枝横挑，一鹳鸽栖于枝干之上。鹳鸽刻画精微，体态丰满，羽毛黑亮，笔墨细润，显出蓬松柔软之质感，观之栩栩如生。画作原为湖南著名爱国收藏家易元九旧藏，后由长沙博物馆征集收藏。

大成殿

2025年

农历乙巳

玖月

September

八月
初六

周六

27

28

周日

八月
初七

浏阳文庙

浏阳文庙始建于北宋，每年举行春、秋两次祭孔，今为全国重点文物保护单位。清道光九年（1829），组建浏阳文庙礼乐局，使用匏埙、土埙、革鼓、石磬、编钟、琴瑟、箫笛等传统乐器演奏古乐。浏阳文庙祭孔音乐列入国家级非遗项目，被称为“中国古代音乐的活化石”。

2025年
农历乙巳

玖月
September

八月初八 周一

29

30

周二 八月初九

烈士纪念日

湖南烈士纪念塔

湖南烈士纪念塔位于湖南烈士公园内，是全国重点烈士纪念建筑物保护单位。塔总高58.6米，塔身呈八方柱形，正南面镶嵌汉白玉，镌刻着毛泽东题写的“湖南烈士公园纪念碑”九个镏金大字。塔下设纪念堂，陈列着杨开慧、郭亮等烈士的遗像与事迹，并保存有数万名湘籍烈士的名册。

杜甫江阁

拾月

October

田漢故居

2025年
农历乙巳

拾月
October

我们万众一心，冒着敌人的炮火，
前进！前进！前进！进！
田汉《义勇军进行曲》

国庆节

八月初十 周三

01

02

周四 八月十一

田汉故居

田汉（1898—1968），长沙人，中华人民共和国国歌《义勇军进行曲》词作者，中国现代戏剧三大奠基人之一，创作话剧、戏剧、电影、歌剧百余部。其故居位于长沙县果园镇田汉文化园内，始建于清嘉庆年间。

2025年
农历乙巳

拾月
October

八月十二 周五

03

04

周六 八月十三

西文庙坪

西文庙坪位于天心区，原址为长沙府学宫。北宋治平元年（1064），潭州府于此设立州学，为潭州最高学府，亦为长沙府学之始。学宫建有文庙，作为祭祀孔子之所，该处因此得名。今片区内存“道冠古今”牌坊一座。

2025年

农历乙巳

拾月

October

八月十四 周日

05

06

周一 八月十五

中秋

西晋 双凤纹圆形金饰 长沙市文物考古研究所 藏

2000年天心区园艺场出土。正面透雕錾刻双凤朝阳图案，凤喙相对，展翅欲飞，周身焊缀连珠纹。凤眼与腹部掐丝成圆圈和花卉状，上嵌宝石。此器制造精美，是晋代金器中的代表作品。

下河街批发
杆上花台球
四楼
中国记忆
CRRC

2025年
农历乙巳

拾月
October

八月十六 周二

07

08

周三 八月十七

寒露

超级文和友

超级文和友位于天心区海信广场，是一家城市文化和地方美食有机融合的原创公共空间。其装修复刻20世纪80年代老长沙街景，重塑长沙市井老街文化。空间内包含10余个核心景点，复原150多间老长沙民居。其独特的场景体验式餐饮模式，吸引了众多游客“打卡”消费。

Budweiser

2025年
农历乙巳

拾月
October

八月十八 周四

09

10

周五 八月十九

化龙池

化龙池位于芙蓉区黄兴南路步行商业街，原名玉带街、鳌背街，为长沙仅存的四条古麻石街之一。善化县学宫所在地，学宫泮池名“化龙池”，街因池为名。清代著名书法家何绍基筑皤石山房于此。旧时商业繁华，“楼台灯火似秦淮”，近年形成清吧一条街。

御書樓

2025年
农历乙巳

拾月
October

八月二十 周六

11

12

周日 八月廿一

岳麓书院御书楼

岳麓书院御书楼位于岳麓书院中轴线末端。康熙二十六年（1687），御书“学达性天”匾额，御赐书十六种，建楼藏之，故得名。20世纪30年代毁于战火，20世纪80年代在原址重建，今为书院内部资料室，仍发挥藏书功能。

2025年
农历乙巳

拾月
October

八月廿二 周一

13

14

周二 八月廿三

西晋 青瓷对书俑 湖南博物院 藏

1958年天心区金盆岭9号墓出土，为迄今出土唯一的对书俑。俑通体施青釉，中间置书案，一人执笔在板状物上书写；一人手执一板，上置简册，生动展现出校勘书籍的情形。

2025年
农历乙巳

拾月
October

八月廿四 周三

15

16

周四 八月廿五

三国 孙吴“黄朝再拜”名刺简 **长沙简牍博物馆 藏**

1996年天心区走马楼古井出土。木质，属孙吴时期名刺类文书。该简内容为：“弟子黄朝再拜，问起居，长沙益阳，字元宝”。其行文属隶书体，行文结构翻飞对称，结字平正规矩、波挑分明，融实用价值与艺术欣赏于一体。

2025年

农历乙巳

拾月

October

八月廿六 周五

17

18

周六 八月廿七

靖港古镇

靖港古镇位于望城区，是沩水入湘江的重要口岸。水路畅通无阻，舟楫往来不绝，带来三湘各地珍稀货物和特色美食，有“船到靖江口，顺风都不走”之誉。因扼守湘江逆上长沙之要冲，靖港历来为兵家必争之地。清咸丰四年（1854），曾国藩曾于此迎战太平军。

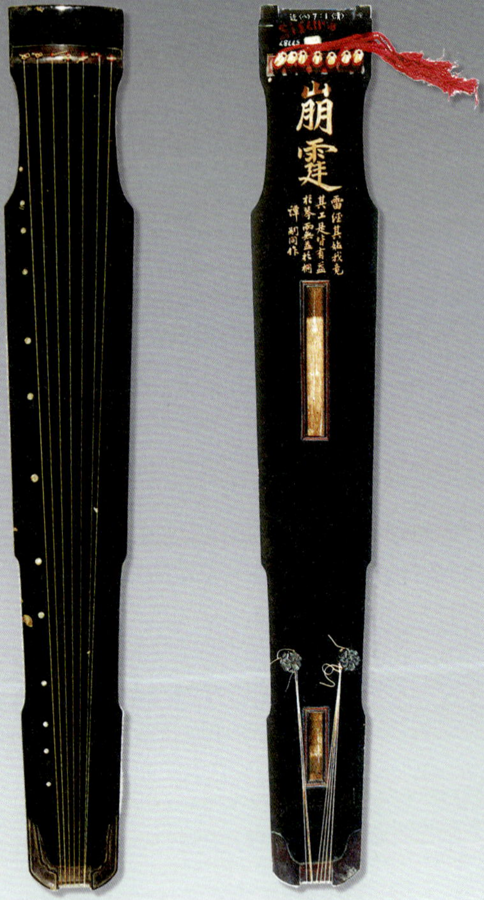
崩霆
雷經其始我竟
其工是皆有益
於琴而無益於桐
譚嗣同作

2025年
农历乙巳

拾月
October

八月
廿八
周日

19

20

周一
八月
廿九

谭嗣同“崩霆”琴 湖南博物院 藏

琴名“崩霆”二字下有“雷经其始，我竟其工，是皆有益于琴，而无益于桐。谭嗣同作”题款。据载，1881年，谭嗣同年方十六，该年盛夏，谭家宅院一棵梧桐树为雷霆劈倒。谭嗣同以梧桐残干，制成两张古琴，命名为“崩霆”与“残雷”，其中前者现藏于湖南博物院，后者现藏于故宫博物院。

九月初一 周二

21

22

周三 九月初二

杨开慧故居

杨开慧（1901—1930），长沙人，杨昌济之女，中国社会主义青年团最早的女团员之一。1920年与毛泽东结为革命夫妻。1921年加入中国共产党。1930年，就义于长沙识字岭，时年29岁。毛泽东在《蝶恋花·答李淑一》中赞其为“骄杨”。其故居位于长沙县板仓，始建于清代乾隆末年，是毛泽东和杨开慧早期革命活动地。今为省级文物保护单位。

2025年
农历乙巳

拾月
October

霜降

九月初三 周四

23

24

周五 九月初四

西汉 金饼 **长沙市文物考古研究所 藏**

2006年望城区风篷岭汉墓出土。专家推测墓主人是西汉晚期长沙国的一位张姓王后。金饼亦称“饼金”，中国古代黄金货币的形式之一，以其圆形饼状而得名，又称“酎金”，主要用于皇室贵族间的赏赐与馈赠。

風調雨順
大雄寶殿

2025年
农历乙巳

拾月
October

九月初五 周六

25

26

周日 九月初六

洗心禅寺

洗心禅寺位于望城区黄金街道，原名洗心庵，为明末汉月法藏禅师于1620年创建。整个建筑群融南北风格于一体，红墙金瓦，翘角飞檐，殿宇回廊相衔。殿内满堂缅白玉佛像，其中三世佛每尊皆用高5.8米、重30余吨的整块玉石雕刻而成。大雄宝殿前坪正中央的四面佛，为泰国佛教界于2008年赠送。

2025年
农历乙巳

拾月
October

九月初七 周一

27

28

周二 九月初八

〔民国〕谭延闿行书“孤帆·引手”七言联　　长沙博物馆 藏

谭延闿（1880—1930），字组庵，茶陵人，与陈三立、谭嗣同并称“湖湘三公子”。此联取法颜真卿，横平竖直，脊梁挺起，破空杀纸，立定脚跟，给人老成持重、宽博雍穆之感，有文武张弛的恢廓气象。谭延闿书法名重一时，有“近代颜书大家”之称。

CHANGSHA Calendar 2025

2025年
农历乙巳

拾月
October

重阳

九月初九 周三

29

30

周四 九月初十

〔民国〕湘绣牡丹仙鹤“寿”字中堂 长沙博物馆 藏

绣品为丝质，以“寿”字外形轮廓为基础，内部绣以盛开的牡丹和八只仙鹤。整个绣品构思巧妙，绣工精湛，寓意喜庆吉祥，是民国湘绣业全盛时期的代表作。

2025年
农历乙巳

拾月
October

九月十一
周五

31

万圣夜

〔民国〕曾熙赠马宗霍《山水图》册页 长沙博物馆 藏

曾熙（1861—1930），字子缉，衡阳人，与李瑞清有“南曾北李”之称，为张大千一生中得益最多的恩师。此册页是1927年曾熙为弟子马宗霍所作的山水小画十二幅。马宗霍于次年装裱成册，并请章太炎篆文题封，后有谭延闿、谭泽闿、章太炎等人题跋。册页描绘曾熙所游览的山川之景，强调“以书入画”，下笔沉重，逆势行笔，以焦墨写枯石树木，追求枯淡拙涩的风貌，显得异常老辣和苍浑。

爱晚亭红枫

拾壹月

實事求是
業精於勤而荒於嬉
惟楚有材於斯為盛

2025年
农历乙巳

拾壹月

November

九月十二

周六

01

万圣节

“实事求是”匾额

1917年，湖南公立工业高等专门学校迁入岳麓书院办学，时任校长宾步程（1879—1943）题写“实事求是”匾额作为校训。1917年至1919年期间，毛泽东多次寓居岳麓书院半学斋，受到“实事求是”思想的影响，在其后来的革命实践中，丰富发展了“实事求是”的内涵，使“实事求是”成为毛泽东思想的精髓。

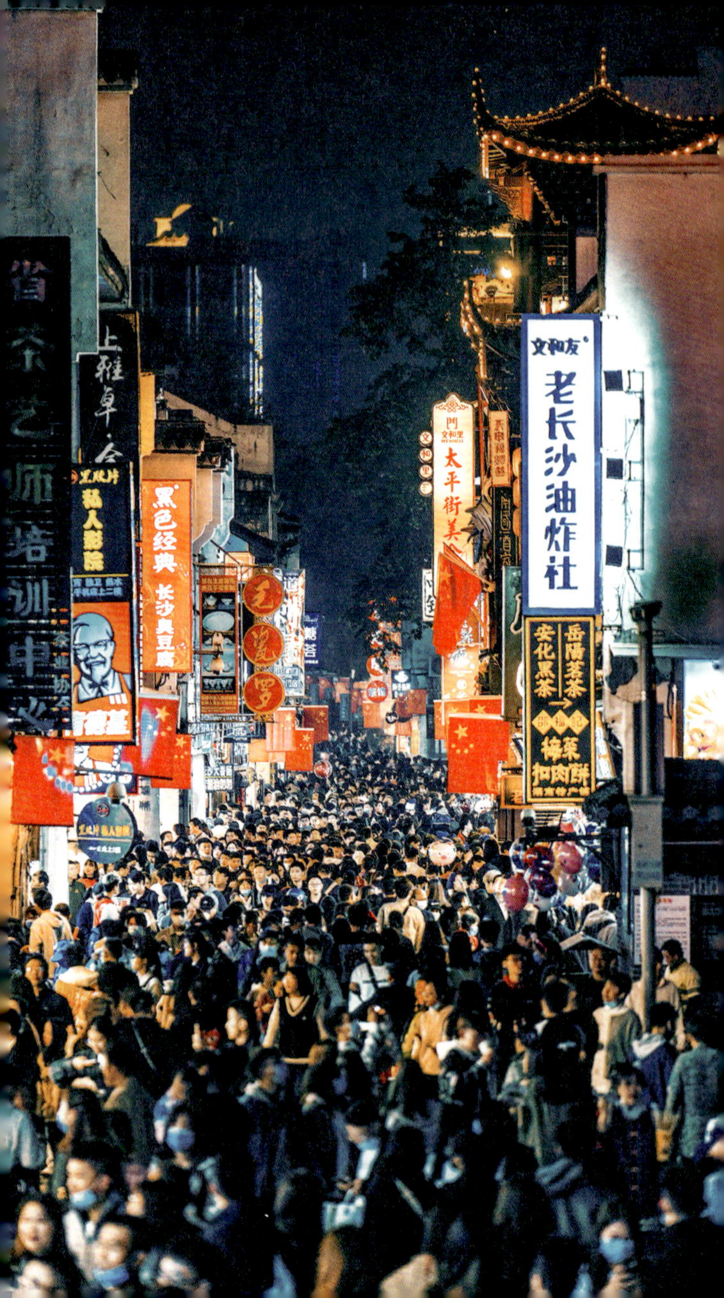

文和友
老长沙油炸社
安化黑茶
岳阳茗茶
梅菜扣肉饼
黑色经典
长沙臭豆腐
黑胶片
私人影院

2025年

农历乙巳

拾壹月

November

九月十三　周日

02

03

周一　九月十四

太平老街

太平老街位于天心区。街长 375 米，是长沙古城保留原有街巷里最完整的一条。西汉初年，长沙王吴芮在湘江东岸筑城，太平街即其腹地，临近湘江，交通便利，自古为人文荟萃与商业繁华之地。

2025年
农历乙巳

拾壹月 November

九月十五 周二

04

05

周三 九月十六

湘剧（国家级非遗项目）

湖南传统戏曲剧种之一，流行于原长沙府十二属。其传统剧目多出自宋末南戏、元代杂剧和明清传奇，发展过程中吸收弋阳腔、昆腔、皮黄等，逐渐形成了“高、低、昆、乱”四大声腔。唱白用中州韵，程式严谨，表演、服饰、脸谱等具有独特的湖湘地方风格。

2025年
农历乙巳

拾壹月
NOVEMBER

九月十七
周四

06

07

周五
九月十八

立冬

明　双龙戏珠束发金冠　　　　**长沙博物馆 藏**

金冠顶部由前后两部分组成，前部由椭圆形金片压制成瓦楞形，后部接如意形尾檐。金冠两侧各穿一孔，用一枚金簪横贯而入固定发髻，金簪首部同样采用如意造型，寓意万事顺利、吉祥如意。

陳树湘故居

2025年
农历乙巳

拾壹月

November

记者节

九月十九 周六

08

09

周日 九月二十

陈树湘故居

陈树湘（1905—1934），曾任中国工农红军第5军团第34师师长。1934年率领“绝命后卫师”与敌人血战湘江，负伤被俘后选择断肠明志。2009年，陈树湘被评为100位为新中国成立作出突出贡献的英雄模范人物之一。其故居位于长沙县福临镇枫树湾。

碑
中華民國廿四年六月重建碑亭周翰勒石

2025年
农历乙巳

拾壹月

九月廿一 | 周一

10

11

周二 | 九月廿二

禹王碑

禹王碑位于岳麓山云麓峰左侧石壁。据《舆地纪胜》载，为南宋嘉定五年（1212）何贤良“摹刻于岳麓书院”。碑文纵9行，行9字，计77字，末有寸楷书“右帝禹制”。1935年重建碑亭护之。亭侧有清欧阳正焕书“大观”石刻。禹王碑题诗吟咏甚蕃，相关史志均有收录。今为全国重点文物保护单位。

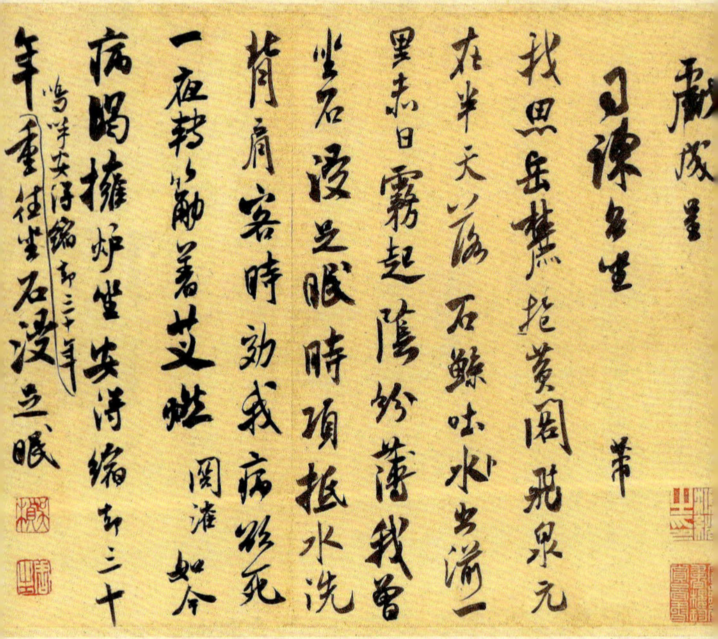

2025年

农历乙巳

拾壹月

NOVEMBER

九月廿三 周三

12

13

周四 九月廿四

〔宋〕米芾《戏成诗帖》 台北故宫博物院 藏

米芾（1052—1108），字元章，与蔡襄、苏轼、黄庭坚合称“宋四家”。为临摹《麓山寺碑》来长沙，曾在岳麓山下山泉沐足，“我曾坐石浸足眠，时项抵水洗背肩。客时效我病欲死，一夜转筋着艾燃”。三十年后写下《戏成诗帖》（又称《岳麓诗帖》），感慨：“呜呼！安得缩却三十年，重往坐石浸足眠。”

2025年
农历乙巳

拾壹月

九月廿五 周五

14

15

周六 九月廿六

谷山采石场遗址

谷山采石场遗址位于望城区谷山西北，自宋代至民国常年开采，形成20米深坑。山体开凿呈梨形，千年采石的细密凿痕在青色岩层上历历可见。石材所制“谷山砚”为湖湘“四大名砚”之一，宋代米芾《砚史》曾赞其“得墨快，发墨有光”。

2025年

农历乙巳

拾壹月

NOVEMBER

九月廿七　周日

16

17

周一　九月廿八

宁乡炭河里国家考古遗址公园

炭河里遗址位于宁乡黄材镇，在此发现了南方地区已知最早的西周城址。因出土以四羊方尊、人面纹方鼎为代表的商周青铜器而被誉为“中国南方青铜文化中心”，今为全国重点文物保护单位。遗址保护范围总规划用地 13.25 平方公里，其中核心保护区建设宁乡炭河里国家考古遗址公园。

2025年

农历乙巳

拾壹月

九月廿九 周二

18

19

周三 九月三十

元 “文靖书院”铜簋 **湖南博物院 藏**

铜簋为古代食器，用来盛黍、稷、稻等。此件为祭器，内底有篆书铭文“大元大德己巳年四月壹日丙子潭州路浏阳州文靖书院作宝彝恭祀□□其攸司万年永保用”。“大德”为元成宗（1297—1307）的年号，“潭州”是隋朝至明朝时期长沙的古称。文靖书院位于浏阳，元代初年废弃，后恢复科举，礼部特派使者到浏阳修复书院。

2025年

农历乙巳

拾壹月

寒衣节

十月初一 周四

20

21

周五 十月初二

〔民国〕夏士兰《山水图》轴 长沙博物馆 藏

夏士兰（1871—1942），字纫秋，长沙人，书画兼善。山水师从沈翰，兼学清初四王、石涛、扬州八怪等。此件山水图师法四王，同时加入夏士兰对自然实景写生的感悟，行笔落墨，挥写自由，为晚清至民国时期湖南绘画高峰期之丹青精品。

2025年

农历乙巳

拾壹月

小雪

十月初三 周六

22

23

周日 十月初四

云麓宫

云麓宫位于岳麓山顶峰，属道教第二十三福地之洞真墟。明成化十四年（1478）吉简王就藩长沙时所建。宫前有700余龄古银杏树，至今仍叠翠流金。宫后望湘亭可远眺长沙城“一雨悬江白，孤城隔岸青”的丰神雅韵。

刘少奇同志纪念馆

2025年
农历乙巳

拾壹月

十月初五 周一

24

25

周二 十月初六

刘少奇同志纪念馆

刘少奇（1898—1969），党和国家主要领导人之一，中华人民共和国开国元勋，是党的第一代中央领导集体的重要成员。刘少奇同志纪念馆以其故居为核心，包括铜像广场、生平业绩陈列馆等纪念场馆，花明楼、修养亭等旅游景观，是革命纪念地与旅游观光区有机融合的国家 AAAAA 级旅游景区。今为全国重点文物保护单位。

劉蛻集
四部叢刊集部

2025年
农历乙巳

拾壹月

十月
初七
周三

26

27

周四
十月
初八

感恩节

《刘蜕集》商务印书馆影明刻本 湖南图书馆 藏

刘蜕（生卒年不详），长沙人，字复愚，号文泉子，唐宣宗大中四年（850）进士。刘蜕是长沙地区第一位进士，时人称为“破天荒”。官至右拾遗，“为文奇诡岸杰，自成一家”。刘蜕故宅在今长沙通泰街，清周达武在此筑楼台池馆，仍号蜕园。1890年，陈寅恪出生于蜕园。

2025年
农历乙巳

拾壹月
November

十月初九 周五

28

29

周六 十月初十

洋湖水街

洋湖水街位于岳麓区，紧邻洋湖湿地公园，是集文化、旅游、商业于一体的综合性街区。总占地面积约 195 亩，33 栋清末民初风格的单体建筑使其有着别具一格的江南风情。由南至北分布文化文创、市井风俗、时尚潮流等业态聚集区。地方特色餐饮、民宿、非遗、民俗展演等让游客享受一站式文化休闲。

2025年
农历乙巳

拾壹月

十月 十一

周日

30

锦绶堂（湖南省苏维埃政府旧址）

锦绶堂位于浏阳大围山镇。始建于清光绪二十三年（1897），由受清朝旌表的涂刘氏为纪念丈夫涂儒玫（字文绶）而建。建筑坐北朝南，砖木结构，共有100余间雕梁画栋的房屋。1931年，湖南省苏维埃政府曾设于此，旧址内外墙上保存有大量红军标语、收支报表等革命遗迹。今为全国重点文物保护单位。

渔人码头

拾贰月

December

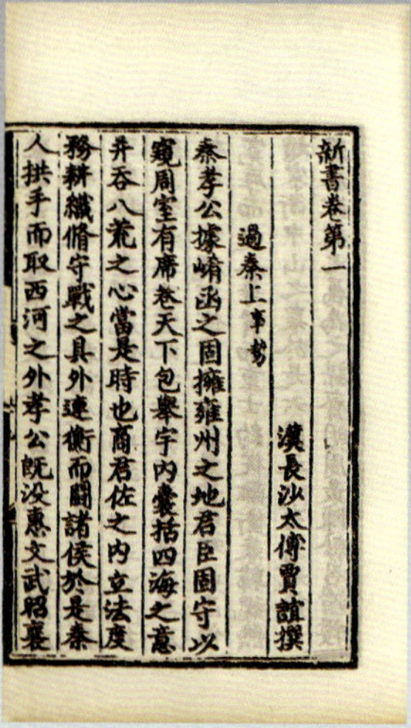

新書卷第一

過秦上事勢　　漢長沙太傅賈誼撰

秦孝公據崤函之固擁雍州之地君臣固守以窺周室有席卷天下包舉宇内囊括四海之意并吞八荒之心當是時也商君佐之内立法度務耕織脩守戰之具外連衡而鬬諸侯於是秦人拱手而取西河之外孝公既没惠文武昭襄

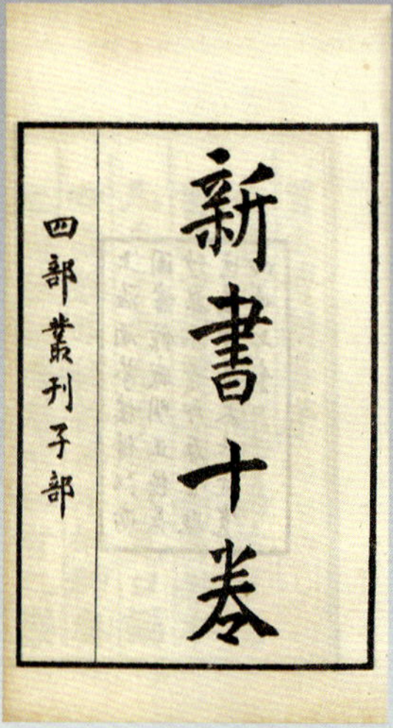

新書十卷

四部叢刊子部

2025年
农历乙巳

拾贰月

十月十二 | 周一

01

《新书》商务印书馆影明刻本 **湖南图书馆 藏**

贾谊（前200—前168），曾任长沙王太傅。《新书》是贾谊的政论文集，集中反映了贾谊的政治经济思想，代表了汉初政论散文的最高成就。鲁迅评价贾谊文章“为西汉鸿文，沾溉后人，其泽甚远”；毛泽东在《七律·咏贾谊》中赞其“胸罗文章兵百万，胆照华国树千台”，称《治安策》“是西汉一代最好的政论”。

CHANGSHA Calendar 2025

2025年

农历乙巳

拾贰月

December

十月十三 周二

02

03

周三 十月十四

商　豕形铜尊　　湖南博物院 藏

1981年湘潭九华船形山出土。尊为酒器，是祭祀中用来祈福避邪及与神灵沟通的媒介。此豕形铜尊以猪作为器物形制，具有表意功能及象征意味，艺术地再现了古人的原始宗教观念，在现有商代青铜器中仅此一例。

2025年
农历乙巳

拾贰月

下元节

十月十五 周四

04

05

周五 十月十六

爱晚亭

爱晚亭位于岳麓山清风峡，始建于清乾隆五十七年（1792），是中国四大名亭之一。原名红叶亭，湖广总督毕沅据杜牧《山行》“停车坐爱枫林晚，霜叶红于二月花”句，更名为爱晚亭。20世纪初，青年毛泽东常与蔡和森等携游于此。1952年，应湖南大学校长李达之约，毛泽东亲笔题写爱晚亭匾额。今为全国重点文物保护单位。

2025年
农历乙巳

拾贰月
December

十月十七 周六

06

07

周日 十月十八

大雪

〔清〕彭玉麟《墨梅》中堂 湖南博物院 藏

彭玉麟（1816—1890），字雪琴，号退省庵主人、吟香外史，衡阳人，晚清军事家、书画家。清咸丰三年（1853）随曾国藩创建湘军水师。与曾国藩、左宗棠、胡林翼并称中兴四大名臣。彭玉麟于军事之暇，喜绘画，尤以画梅名世，同郑板桥的“墨竹”并称“清代画坛二绝”。

2025年

农历乙巳

拾贰月

December

十月十九 周一

08

09

周二 十月二十

东汉 “汉有善铜”博局纹铜镜 **长沙博物馆 藏**

镜背博局纹将内区分为四方八区，每区分别饰有青龙、白虎、朱雀、山羊、羽人纹饰。外为篆书铭文带，以鱼纹分开。铭文内容为：“汉有善铜出丹阳，取□竟清如明，左龙右虎。”

西園北里
庚子年立
335

2025年
农历乙巳

拾贰月

十月廿一 | 周三

10

11

周四 | 十月廿二

西园北里

西园北里位于开福区，因唐代宰相裴休在此修建西楼，清末望族龙氏家族沿用“西楼”雅意建西园，故而得名。560米长的古巷串起左文襄祠石山、开国少将李觉公馆等七处不可移动文物，数量为长沙之最。作为长沙首条历史步道的首发段，有机更新后的西园北里成为新晋热门“打卡”地。

2025年
农历乙巳

拾贰月
December

十月廿三　周五

12

13

周六　十月廿四

长沙弹词（国家级非遗项目）

长沙弹词是将故事编成散韵相间、有说有唱、以弦乐器伴唱的一种曲艺形式，因用长沙方言说唱而得名，广泛流行于长沙、益阳、湘潭等地。“怀抱月琴，口吐圣贤”，从茶馆书棚到现代剧场，从街头巷尾到网络云端，长沙弹词以其生动的演绎，诉说着古今中外的传奇故事。

2025年
农历乙巳

拾贰月

December

十月廿五 周日

14

15

周一 十月廿六

道官冲非遗生态村

道官冲非遗生态村位于浏阳大围山南麓，辖区拥有9项各级非遗项目，12位代表性传承人。道官冲手工竹纸制作历史悠久，被称为“古山贡纸”。植根于非遗原生土壤，以非遗赋能乡村走向振兴，让乡村从“空心村”蝶变为“新时代和美乡村典范”。

2025年
农历乙巳

拾贰月
December

十月
廿七
周二

16

17

周三
十月
廿八

元 双龙银盏托 湖南博物院 藏

盏托为饮茶或补品类的器具。此件银盏托外口沿内壁与圈足外均装饰一周草叶纹，圆形底部与盏外壁主题纹饰为高浮雕的双龙纹，卷云纹与海水栩栩如生，气势磅礴，是元代盏托中的佳作。

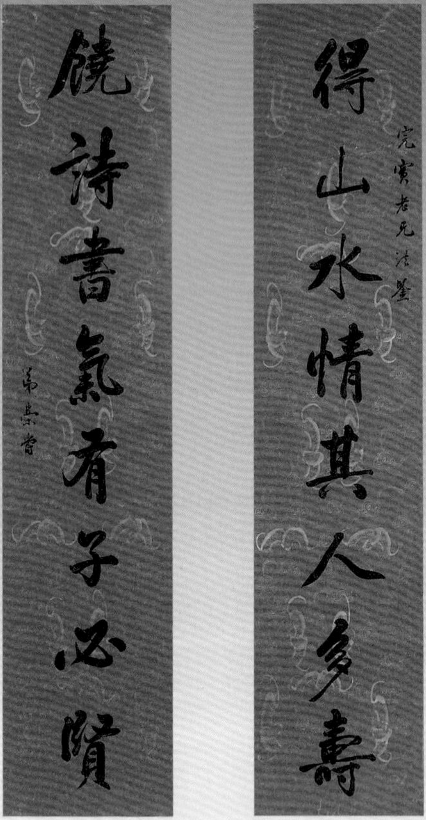
得山水情其人多壽
饒詩書氣有子必賢

2025年
农历乙巳

拾贰月
December

十月廿九 周四

18

19

周五 十月三十

〔民国〕萧荣爵行书“得山·饶诗”八言联 长沙博物馆 藏

萧荣爵（1852—1935），字漱云，长沙人，清光绪二十一年（1895）进士。萧荣爵书宗李北海，得其神髓。此件笔力舒展遒劲，个性极为鲜明。

2025年
农历乙巳

拾贰月
December

法雨来衡岳，宗风启仰山。
什方密印寺，飞落白云间。

〔明〕陶汝鼎《沩山密印寺》

冬月初一
周六

20

21

周日
冬月初二

冬至
冬一九

密印寺

密印寺位于宁乡沩山，是中国佛教南禅五大宗之一沩仰宗的起源地，有世界最大的露天千手观音像。唐大中元年（847），时任潭州刺史、湖南观察使的裴休奏请朝廷，由宣宗李忱御笔亲书“密印禅寺”门额。1917年夏，青年毛泽东曾游学于此。

唐故圭峯定慧禪師
傳法碑并序
金紫光祿大夫守
中書侍郎兼戶部
尚書同中書門下

2025年

农历乙巳

拾贰月

冬月初三 周一

22

23

周二 冬月初四

〔唐〕裴休书《圭峰禅师碑》明拓本 **故宫博物院 藏**

裴休（791—864），字公美，唐代名相。唐大中初年，裴休贬职潭州（今长沙），任湖南观察使，立“税茶十二法”，发展茶马贸易。又捐田千余亩，奏建密印寺。卒后葬于沩山。《圭峰禅师碑》由裴休撰并书，柳公权篆额，谨严工整，清劲潇洒，是晚唐碑铭精品。

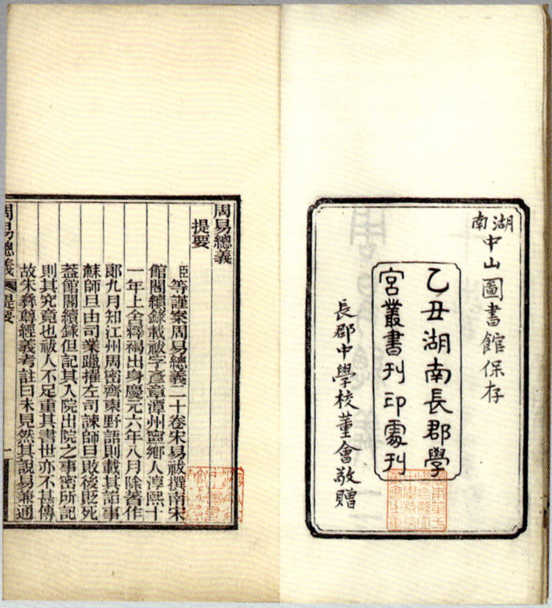

湖南中山圖書館保存

乙丑湖南長郡學宮叢書刊印處刊

長郡中學校董會敬贈

周易總義

提要

臣等謹案周易總義二十卷宋易祓撰祓字彥章潭州寧鄉人淳熙十一年上舍釋褐出身慶元六年八月除著作郎九月知江州周密齊東野語則載其諂事蘇師旦由司業躐擢左司諫師旦敗後貶死蓋館閣續錄但記其入院出院之事密所記則其究竟也祓人不足重其書世亦不甚傳故朱彝尊經義考註曰未見然其說易兼通

周易總義　提要　一

2025年

农历乙巳

拾贰月

December

平安夜

冬月初五 周三

24

25

周四 冬月初六

圣诞节

《周易总义》1925年湖南丛书处刻本 **湖南图书馆 藏**

易袚（1156—1240），字彦章，号山斋，宁乡人，南宋著名学者、词人和经学大家，淳熙十二年（1185）状元。晚年潜心著述，有《周易总义》《易学举隅》《禹贡疆理广记》等传世。

伟大的领袖和导师
毛泽东主席永垂不朽

2025年
农历乙巳

拾贰月

冬月初七 周五

26

27

周六 冬月初八

东方红广场毛泽东塑像

东方红广场毛泽东塑像位于岳麓区湖南大学校园内。青年时代的毛泽东曾多次寓居岳麓书院，并与湖南大学结下深厚情谊。东方红广场毛泽东塑像建于1966年至1967年，塑像矗立于广场，负手而立，远眺红日东升。塑像后方巨大的诗词碑上刻着毛泽东的名作《沁园春·长沙》。

2025年
农历乙巳

拾贰月 December

冬月初九 周日

28

29

周一 冬月初十

灰汤国际旅游度假区

灰汤国际旅游度假区位于宁乡灰汤镇，其温泉是中国三大著名高温复合温泉之一，因“泉沸如汤滚、气腾如灰雾”而得名。唐代宰相裴度、宋代理学家朱熹等都曾在此沐浴吟咏；晚清重臣曾国藩有“居灰汤锅子以治疮疾”之记载。灰汤温泉水量丰富，富含对人体有益的多种微量元素，素有“天然药泉”“汤泉沸玉”之称。

2025年

农历乙巳

拾贰月

December

冬二九

冬月十一 周二

30

31

周三 冬月十二

长沙滨江文化园

长沙滨江文化园位于湘江与浏阳河交汇处，由长沙博物馆、长沙图书馆、长沙规划展示馆、长沙音乐厅共同构成“三馆一厅”建筑群，以打造“省会地标、长沙客厅、文化圣殿、百姓乐园”为目标，提供丰富多样的公共文化服务，入选“湖南十大文化地标”。

后 记

江河不断在奔涌，从不为谁停留；时代不断在追问，期待精彩答卷。翻开《长沙日历》，映入眼帘的是一幅3000多年的历史画卷，记录了我们无穷的求索与不懈的创造。那些在历史长河中熠熠生辉的智慧与灵气，将与天地同寿、与日月同光。

大美长沙，历历可数。2025既是一种开始，也将是一种延续。日历入册条目187条，周一至周五侧重历史文化，便于读者深度了解长沙厚重的文化底蕴和历史气息；周末主推旅游景点，意在为读者假期出行和旅游提供参考；逢节日、节气则着重展现长沙独特的民俗风情；留白部分供读者随心记录，在日月交错之间感受城市变迁和文化魅力。

日历封面以已故著名湘籍书画家钟增亚先生所绘爱晚亭为主背景，并请著名湘籍书法家鄢福初先生题写书名，谨致以对湖湘书画艺术的敬意和谢意；编辑出版过程中，得到了中央档案馆、中国国家博物馆、中国国家图书馆、故宫博物院、日本住友泉屋博古馆、新加坡亚洲文明博物馆、台北故宫博物院、湖南大学岳麓书院、湖北省博物馆、湖南博物院、湖南图书馆、湖南省文物考古研究院、刘少奇同志纪念馆、长沙党史馆、视觉中国、湖湘地理、爱长沙、星辰文旅、星球引力场、长沙市摄影家协会、开福寺、文和友、茶颜悦色等单位的大力支持和帮助，在此表示衷心的感谢。

受限于时间与水平，编辑工作中难免存在错误、遗漏或不严谨之处，欢迎读者批评指正。期待《长沙日历》，长伴你我。

《长沙日历》编委会

图书在版编目（CIP）数据

长沙日历 /《长沙日历》编委会编 . -- 长沙 : 岳麓书社 , 2024. 10. -- ISBN 978-7-5538-2185-6

Ⅰ . K926.41

中国国家版本馆 CIP 数据核字第 2024NR3735 号

CHANGSHA RILI

长沙日历

出　　品 | 湖南善禧文化

编　　著 |《长沙日历》编委会

封面题字 | 鄢福初

封面绘画 | 钟增亚

责任编辑 | 陈文韬　肖　航

责任校对 | 舒　舍

内文排版 | 罗志义

岳麓书社出版发行

地址 | 长沙市岳麓区爱民路 47 号

承印 | 雅昌文化（集团）有限公司

开本 | 889mm × 1194mm 1/48　印张 | 8.5　字数 | 80 千字

版次 | 2024 年 10 月第 1 版　印次 | 2024 年 10 月第 1 次印刷

书号 | ISBN 978-7-5538-2185-6

定价 | 88.00 元

如有印装质量问题，请与本社印务部联系

电话 | 0731-88884129